이제 더는 걱정하지 마.

괜찮아,
분명 다 잘될 거야!

사이토 히토리

나비이펙트

괜찮아,
분명 다 잘될 거야!

ⓒ 나비이펙트 2022

발행일 2022년 9월 19일 1판 1쇄 발행
2023년 10월 18일 1판 5쇄 발행
펴낸이 이한님
펴낸곳 나비이펙트
기획 책추남 TV 조우석
디자인 studio J
인쇄 예원프린팅
등록 No.2021-000043호
주소 서울특별시 성북구 돌곶이로 40길 46
이메일 navischool21@naver.com
팩스 0504-497-1401
ISBN 979-11-975842-3-7(03300)

본문의 이미지는 pixabay.com의 무료이미지를 사용하였습니다.

이제 더는 걱정하지 마.

괜찮아,
분명 다 잘될 거야!

이제 걱정하지 않아도 돼

제가 가장 좋아하는 작가 중 한 분은 사이토 히토리 씨입니다. 제가 가장 힘들고 어려웠던 시절에 한 줄기 빛처럼 만났던 책이 '사이토 히토리' 씨의 책이었기 때문이죠. 그 힘겨운 시간을 견디도록 도와준 사이토 히토리 씨의 저서들을 그 후로 모두 구해서 보았을 뿐만 아니라 사이토 히토리 씨의 제자들과 지인들이 쓴 책들까지 모두 섭렵했습니다. 그런데 안타깝게도 사이토 히토리 씨 관련 저작 중 제가 가장 좋아하는 3권이 모두 절판이 되고 말았습니다. 그 3권의 책은 바로 『1퍼센트 부자의 법칙』과 본서 『괜찮아, 분명 다 잘될 거야!』, 『가진 것이 없다면 운으로 승부하라』 3권이었습니다. 그 후 저는 책추남TV 채널을 시작해 책추남으로 알려지게 되었고, 그 덕분에 이 3권의 책을 재출간할 수 있도록 여러 형태로 기여하게 되어 진심으로 감사한 마음입니다.

『괜찮아, 분명 다 잘될 거야!』는 상대적으로 얇은 책이지만 사이토 히토리 씨 사상의 정수를 담은 핵심적인 책이라고 생각합니다. 사이토 히토리 씨는 우리의 일반적인 상식과는 거리가 먼 이야기들을 많이 해서 별난 부자, 괴짜 부자, 또 '훌륭한 사람으로 알려지는 것은 피곤한 일이다.'라며, 자신의 신상이나 얼굴을 공개하지 않아 베일에 쌓인 신비한 부자로도 알려져 있습니다. 저도 처음에는 '이 괴짜 아저씨(?)가 도대체 무슨 이야기를 하는건가?'라는 생각을 종종하며 책을 보았지요. 그러다가 제가 정신분석학과 심층심리학과 뇌과학과 철학과 종교 등을 두루 공부해 보면서, 엉뚱하게만 들리던 사이토 히토리 씨의 말이 진정한 대가나 할 수 있는, 핵심적이면서도 유머를 가득 담은 천재적인 이야기였다는 사실을 깨닫게 되었습니다. 특히 본서에 나오는 내용은 사이토 히토리 씨가 정말 유쾌하고 즐겁게 살아갈 수 있는 이유가 바로 보이지 않는 세상의 법칙을 꿰뚫어 통찰하고 있으며, 그 법칙들에 대한 믿음으로 그렇게 즐겁고 행복하게 살아간다는 것을 알 수 있도록 해 줍니다. 그리고 『간헐적 몰입』을 집필하면서 양자 물리학에 대한 이해가 깊어진 저는 사이토 히토리 씨가 왜 인간과 우주를 에너지 덩어리라고 표현했는지, 그렇기 때문에 인생에서 가장 중요한 것이 어떤 일이 있어도 절대로 진동수를 떨어뜨리지 않는 것이라고 말한 이유를 비로소 이해하게 되었습니다.

사이토 히토리 씨의 사상의 진수가 잘 담긴 이 책이 여러분께도 큰 도움이 되시기를 바랍니다.

혼자 꾸면 꿈이지만 함께 꾸면 현실이 됩니다. 이렇게 함께 꾸는 꿈으로 또 한 권의 책을 재출간할 수 있어 감사드립니다. 앞으로도 함께 멋진 나비효과를 지속적으로 만들어 가면 좋겠습니다.

책추남 코코치

세상 사람들을 크게 둘로 분류하면 '괜찮은 사람'과 '괜찮지 않은 사람'으로 나눌 수 있습니다. '괜찮다'는 것을 알고 모르는 차이 때문에 이렇게 두 가지 유형의 사람이 있는 것이지요. 사람은 괜찮을 때도 있는가 하면, 괜찮지 않을 때도 있습니다.

만약 당신이 '내 인생이 잘 돌아가고 있다'고 느끼지 못한다면 그건 괜찮다는 것을 모른다는 증거라고 할 수 있습니다. 괜찮다는 것을 이해하면 당신의 인생은 반드시 잘 굴러가게 됩니다.

그럼 어떻게 해야 괜찮다는 것을 알고, 내 인생이 잘 돌아가고 있다는 것을 실감할 수 있을까요?

이 책에서는 이 점에 대해 네 가지로 나누어 설명하겠습니다.

1장에서는 '지금 이대로도 괜찮아.'에 관해 이야기하겠습니다. 지금 나 자신이 지금 이 상태로도 괜찮다는 것을 깨닫게 되면 나와 내 인생, 그리고 더 나아가 상대방에 대해서도 괜찮다고 받아들이게 됩니다.

2장에서는 '착각을 버리는 것'의 중요성을 다룹니다. 괜찮다고 느끼지 못하는 것은 대부분 착각에 그 원인이 있습니다.

그리고 3장에서는 이 세상의 '법칙'에 대해 설명합니다.

이 장에서 언급되는 이야기는 쉽게 이해할 수 없을지도 모릅니다. 하지만 이 장을 이해하면 괜찮다는 것이 무엇인지 알 수 있을 뿐만 아니라 내 인생을 100퍼센트 분명 컨트롤할 수 있게 됩니다.

마지막 부록에서는 '진동수'에 대해 설명합니다. 괜찮다는 것을 이해하고, 거기에 자신의 '진동수'를 높이면 당신에게 일어나는 모든 일이 극적으로 변하게 될 것입니다.

이 책을 통해 제가 전하고 싶은 것은 바로 이것입니다.

"괜찮아, 분명 다 잘될 거야!"

이 깨달음이 한 명이라도 더 많은 사람의 마음에 닿길 바랍니다.

사이토 히토리

목차

1장. 지금 이대로도 괜찮아

2장. '착각'을 버리자

3장. 이 세상의 '법칙'을 이해하자

부록. 행복을 부르는 '진동수' 이야기

1장.

지금
이대로도
괜찮아

'괜찮다'고
느끼지 못하는 것이
불행이다

이 세상에서 제일 불행한 일은 바로 나 자신을 '괜찮다'고 여기지 못하는 것입니다.

더 불행한 일은 나에게 괜찮다고 말해 줄 수 있는 주변 사람들도 없는 것이지요.

원래부터 사람은 모두 '괜찮은' 존재로 창조되었습니다.

즉 신은 학교 성적이 나쁜 사람이든, 운동회에서 꼴찌를 한 사람이든, 있는 그대로 행복하게 살 수 있도록 만들었다는 뜻이지요.

그런데 주변에서 "수학을 못하면 안 된다." "운동 신경이 둔하다." 등의 말을 들으면서 점점 자신이 괜찮지 않다고 생각하게 되는 겁니다.

아직도 부족한 점이 많다고 생각하며 살아가는 것을 '겸손'이라고 여길지 모르지만, 사실은 자신만만하게 살아가는 사람이 오만하게 굴지 않는 것이야말로 겸손입니다. 자신 없는 사람이 오만하게 굴지 않는 건 그저 '비굴함'이지요.

겸손하게 사는 사람과 비굴하게 사는 사람에게서는 나오는 결과가 달라집니다. 그와 마찬가지로 '괜찮다'고 생각하며 사는 사람, 그리고 '괜찮지 않다'고 생각하는 사람의 인생도 전혀 다르지요.

그래서 자신의 머리로 생각했든, 누군가에 의해 그런 생각이 심어졌든 간에 괜찮지 않다고 생각해서 손해를 보는 건 결국 나 자신입니다.

소바 가게에서 "돈가스 덮밥 세 개 주세요."라고 주문하면 돈가스 덮밥이 세 그릇 나옵니다. "이렇게 많이는 못 먹겠어요."라고 해도 당신이 주문한 음식이기 때문에 당신이 그에 대한 값을 내야 합니다.

이처럼 하늘에 대고 "나는 괜찮지 않다"고 말하면 점점 괜찮지 않은 일만 일어나게 됩니다.

그래서 우선 나 자신이 괜찮다는 것을 이해해야 합니다. 그리고 주변 사람에게도 괜찮다는 말을 해 줄 수 있는 자세를 갖는 것 역시 중요하지요.

태어난 아이들은 모두 "나는 괜찮다"고 느끼며 태어났을 거예요.

그리고 부모도 "내 아이로 태어나서 고맙다"고 느끼겠지요.

그런데도 "이런 걸 못하면 안 된다." "저런 걸 못하면 안 된다."라고 말하며 자녀를 키우면 그 아이는 점점 자신과 자기 인생을 믿지 못하게 됩니다.

　따라서 부모가 아이에게 제일 먼저 전해야 할 것은 "너는 지금 그 대로도 괜찮아."라는 마음입니다.

　　우선 나 자신이 '괜찮다'는 점을 이해하는 것,

　　그리고 소중한 사람에게

　　"당신은 괜찮아요."라고 전하는 것이 중요합니다.

'쉽게 질리는 성격'은 결점이 아니라 재능이다

나 자신을 괜찮다고 느끼지 못하는 원인은 바로 '나에게 결점이 있다.'라는 생각입니다.

예를 들어 저는 무슨 일이든 쉽게 질리는 성격입니다. 세상 사람들은 그것을 보고 '결점'이라고 생각할지 모르지만 저는 저의 그런 성격을 '재능'이라고 여기고 있답니다.

많은 사람이 저마다 재능을 잔뜩 가지고 있는데도 그걸 활용하지 못하고 살아갑니다.

예전에 학교 선생님이 수업 시간에 떠들기만 하는 저에게 "너는 수다스러워서 큰일이구나."라고 꾸짖으셨지만, 저는 그 '수다스러움' 덕분에 이렇게 잘 살아가고 있습니다. 게다가 그 '수다스러움' 덕분에 도움을 많이 받았다는 감사의 말을 해 주는 사람도 많이 있지요.

선생님과 부모님이 그런 식으로 행동하면 안 된다고 타이르는 건 그 재능을 살리는 방법을 모르기 때문입니다. 그걸 누군가가 하면 안 된다고 지적하기 때문에 당신은 그걸 고치려고 애를 쓰겠지만, 사실 원래부터 재능이었던 것을 고칠 방법은 없습니다.

그건 고치는 게 아니라 억누르는 것입니다.

그런 식으로 언제나 억누르면 언제 어디선가 갑자기 폭발할지도 모릅니다.

아니면 자기 에너지를 낮춰서 폭발하지 않도록 조절하려고 하겠지요.

그렇게 하면 행동에 필요한 욕망이나 활동 에너지까지 한꺼번에 주저앉게 됩니다.

100퍼센트의 것을 20퍼센트로 만들고 싶다면, 자기 에너지 전체를 100에서 20으로 줄일 수밖에 없지요. 하지만 그렇게 하면 사람은 너무 무기력해집니다.

누구나 각자 풍부한 '재능'을 갖고 있답니다.
중요한 건 '그걸 어떻게 살릴까?'입니다.

못하는 일이 있으면
남에게
너그러워질 수 있다

저는 잘 질리는 성격에 수다스럽기까지 한, 대단한 재능을 많이 가지고 있지만, 그중 하나가 한자를 기억하지 못하는 것입니다.

글을 읽는 데 어려움은 없지만, 글로 쓰려고 기억을 더듬어도 머릿속에서는 검은 점 정도로밖에 기억나지 않습니다.

바로 이런 점 때문에 사람들은 훌륭한 사람에게도 결점이 있다고 하겠지만 사실은 그렇지 않습니다.

저는 제가 못하는 일이 있다는 것을 깨닫고 나서 다른 사람도 못하는 일이 있다는 것을 알게 되었으니까요.

그래서 누가 어떤 일을 못하면 내가 가르쳐 주겠다고 생각하는 것이 아니라 도와주어야겠다고 생각하게 됩니다.

그 대신 내가 할 수 없는 일은 남에게 부탁합니다. 저는 제가 할 수 있는 일은 곧바로 수락하고, 제가 도저히 할 수 없는 일이 생기면 다른 사람에게 그 즉시 부탁합니다.

내가 못하는 일이 무엇인지 알면 남에게 노력하라는 말을 하지 않게 됩니다. 왜냐하면 아무리 애를 써도 할 수 없는 일이 있다는 것을 잘 알고 있기 때문이지요. 남이 할 수 없는 일을 내가 할 수 있다면 그냥 내가 대신 해 주면 될 일입니다.

저처럼 한자를 기억하지 못하는 것은 다른 사람이 아무리 가르치고 제가 애써 노력해도 어쩔 수 없는 일입니다.

그래서 저는 그런 점을 재능이라고 여깁니다.

하지만 대부분의 사람들은 그걸 재능이라고 보지 않지요. 자신이나 주변 사람들이 할 수 있는 일은 남들도 노력만 하면 가능하다고 생각하니까요.

또한 많은 사람이 자신이 못하는 일을 재능이 아니라 최대 난점이나 결점으로 치부하고 있습니다. 그리고 그걸 극복하려고 갖은 노력을 다하지요.

그런 건 극복할 필요가 없습니다.

극복하기 전에 먼저 그것을 이용하는 방법을 생각하면 되니까요.

한자를 모르면 전자사전을 사면 되고, 옆 사람에게 물어보면 금방 해결이 될 겁니다. 그렇게 내가 할 수 있는 일은 해 주고 내가 못하는 일은 남에게 부탁하다 보면 나의 장점과 다른 사람의 장점이 눈에 들어오게 됩니다.

그리고 좀 더 나 자신에게 너그러워질 수 있고, 다른 사람들을 따뜻하게 대해 줄 수 있지요.

결점은 극복하는 것이 아니라 이용하는 것입니다.
못하는 일이 있다면 다른 사람에게 부탁해 보세요.

보물은
'쓰레기' 속에
숨어 있다

어느 회사에 가도 정착하지 못하는 사람이 독립해서 자기 사업을 시작했을 때 성공하는 경우가 있습니다.

이렇게 어느 회사에 가도 정착하지 못하는 것 역시 재능이지요.

당신이 재능이 아니라고 여기는 것 중에도 사실은 엄청난 재능이 숨어 있곤 합니다. 그 점을 인식하면 눈앞에 '산처럼 쌓인 보물'이 있다는 것을 알아차리게 됩니다.

제 제자 중에도 회사 경영을 시작했을 때 부모나 형제로부터 경영자의 자질이 없다는 말을 들었다고 한 사람이 많습니다.

하지만 그런 사람들이 훌륭한 경영자가 되어서 지역에서 발표되는 고액납세자 순위권에 들어갈 정도로 이익을 낼 수 있었던 건 다들 자기 재능을 살린 덕분이지요.

그 재능이 다른 사람 눈에는 '쓰레기'로 보일지 모르지만 제가 보기에는 보물입니다.

그래서 저는 지금까지 주변에서 "이걸 고쳐라." "저런 짓은 하지 마라."라는 식의 말을 들은 사람을 만나면 "괜찮다, 지금 그대로도 충분하다."라는 말을 해 주곤 합니다.

여기서 중요한 점은 자신의 재능을 깨닫게 해 주는 것과 '활용하는 방법'을 가르쳐 주는 것이지요.

칼은 손잡이를 쥐어서 쓰도록 만들어져 있습니다.

손잡이가 아닌 칼날을 쥐면 손을 베이고 말지요.

이와 마찬가지로 재능도 잘못 활용하면 남에게 해만 끼칩니다.

예를 들어 '성급함'이 사람에게 작용하면 다른 사람을 화나게 하거나 상처를 주기도 합니다.

하지만 성급한 사람은 일 처리가 빠르지요.

저도 성급한 성격인지라 주변에서는 제가 일하는 모습을 본 적이 없다고 할 정도로 굉장히 일을 빨리 처리해 버립니다.

게다가 아주 쉽게 질리는 성격이어서 자꾸만 여러 아이디어를 떠올리지요. 그러니까 근면한 것도 재능이고, 나태한 것도 재능이라고 할 수 있답니다.

즉 있는 그대로 충분하다는 뜻입니다.

있는 그대로의 내 모습을 깨닫고, 있는 그대로의 나를 잘 살리는 방법만 생각하면 됩니다.

누구나 '산처럼 쌓인 보물'을 가지고 있어요.
다들 그걸 알아차리지 못하고
그 활용법을 모르는 것뿐입니다.

작은 트럭은
페라리가
될 필요가 없다

부자 중에는 부모의 뒤를 잇거나 부모로부터 물려받은 돈이 많은 사람이 대부분입니다.

자수성가하여 큰 부자가 된 사람들도 있지만, 그런 사람은 비율로 따지자면 겨우 천 명 중 한 명 정도에 불과합니다.

그렇다면 그런 성공을 위해 필요한, 천 명 중 한 명꼴의 지혜와 용기를 낼 수 있을까요?

아마 거의 대다수는 그럴 수 없을 것입니다.

그런 지혜와 용기를 낼 수 없다는 것 역시 재능이기에 그런 사람들은 회사에서 받은 월급을 가지고 즐거움을 찾아내지요.

그런 사람들에게 "이렇게 하면 부자가 될 수 있다." "저렇게 하면 성공한다."라는 식으로 말해 봤자 그 사람들이 그런 걸 할 수도 없거니와 할 필요도 없습니다.

성공한 인물들이 책을 쓰면 꼭 '이렇게 하면 성공할 수 있습니다.' 라고 하지만, 그건 그 사람이니까 가능한 성공법입니다.

체조 선수 중에는 공중 3회전을 할 수 있는 사람도 있고, 재주넘기밖에 못하는 평범한 사람도 있습니다.

그렇게 재주넘기밖에 못하는 사람은 재주넘기밖에 못하는 그 상황에서 어떻게 행복하게 살 수 있을까 생각하면 됩니다.

바로 지금 당신이 걷고 있는 길이 가장 빠른 출세의 지름길이고, 행복의 길이기 때문입니다.

세상에는 특별한 일을 할 줄 아는 사람도 있고, 못하는 사람도 있습니다.

이 사실을 인식하는 것이야말로 삶에 대한 진정한 이해라고 할 수 있겠지요.

작은 트럭은 연비가 좋고 기동력도 좋아서 굉장히 편리합니다. 하지만 작은 트럭에 10톤짜리 짐을 싣는다면 아마도 차가 찌그러질 겁니다. 10톤짜리 짐은 10톤 트럭에 실어야 합니다.

이탈리아의 스포츠카인 페라리는 사람도, 짐도 별로 싣지 못하지만 빠릅니다. 그러니까 작은 트럭과 페라리는 아예 서로 비교조차 할 수 없습니다.

아무리 작은 트럭과 페라리를 두고 이야기해도, 작은 트럭은 절대로 페라리가 될 수 없고 될 필요도 없습니다.

작은 트럭에는 그 나름의 장점이 있고, 페라리 역시 그것만의 매
력이 있는 법이니까요.

자신이 못하는 일이 무엇인지 알면
삶을 진정으로 이해할 수 있답니다.
누군가나 무언가를
흉내 낼 필요가 전혀 없어요.

'지혜'와 '용기'가 없어도
행복해질 수 있다

저는 괴짜입니다.

그러니까 저를 따라 해도 아무 소용이 없습니다.

특히 누계 납세액이 일본 최고인 저는 "어떻게 하면 그런 부자가 될 수 있나요?"라는 질문을 자주 듣는데, 제 성공법이 반드시 당신에게도 통하는 것은 아닙니다.

예를 들면 퇴사에도 용기가 필요합니다. 저처럼 학교에 안 가는 것에도 용기가 필요하지요.

거친 바다를 향해 나아가려고 할 때 지혜와 용기 모두가 필요합니다. 지혜만으로는 앞으로 나아갈 수 없고, 용기만으로는 무모할 뿐이지요. 만일 지혜와 용기 둘 다 없다면, 원래 없는 것이니 어쩔 수 없습니다. 하지만 없다고 해서 행복하게 살 수 없는 것은 아닙니다.

그저 가진 것으로 행복하게 살면 됩니다.

　이러한 행복론은 부자론과 별개입니다.

　우체국 국장보다 행복한 집배원도 존재합니다. 사회적으로 출세하든 그렇지 않든 사람은 얼마든지 행복해질 수 있지요.

　그리고 부유해졌다고 해서 반드시 행복하다고 말할 수도 없습니다.

　사업이 성공해도 직원들이나 주변 사람들의 미움을 받는 사람도 있지요.

　따라서 성공한 사람은 그 나름대로 행복하게 사는 방법이 있고, 샐러리맨에게는 그들 나름대로 행복해지는 방법이 있는 것입니다.

　지금 손에 쥔 것만으로 얼마나 행복해질 수 있을까요?
　뭔가 있어야만 행복해지는 것이 절대로 아닙니다.

사람은
'지금 이대로 있을 수 없는'
생명체이다

지금 이대로도 충분하다고 말하면, "그러면 사람은 노력하지 않게 된다"거나 "현재를 변화시키지 않으면 아무것도 변하지 않는다"고 하는 사람들이 있지만 꼭 그렇지는 않습니다.

왜냐하면 사람은 '지금 이대로 있을 수 없는' 생명체이기 때문이지요.

사람뿐만이 아니라 식물도, 동물도, 생명이 있는 모든 것은 성장합니다.

성장이 멈춘 것은 다음 생명으로 바통을 넘기기 위해 죽음으로 나아갑니다. 그렇게 항상 성장이 이어지고 있는 것이지요.

그중에서도 '만물의 영장'인 사람은 끝이 없을 정도로 한없이 성장하려고 노력합니다.

그리고 육체적인 성장에는 한계가 존재하지만, 영혼의 성장에는 한계가 없습니다. 따라서 지금 이대로 충분하다는 말을 들어도, 사람은 어떻게든 자꾸 성장하고 싶어 하는 법이지요.

오히려 이 말에 담겨 있는 '지금 이대로'의 나 자신을 인정했을 때, 사람은 본래의 장점과 자기 역할을 깨닫고 그 재능을 충분히 발휘할 수 있습니다.

저는 사람을 깨우치거나 계발하려고 한 적이 한 번도 없습니다.

누구에게나 지금 이대로 충분하다고 생각하면서, 굳이 깨우치거나 계발하려고 애를 쓸 필요도 없다고 느끼니까요.

언제까지나, 어디까지나 성장할 수 있는 것이
바로 사람입니다.
사람은 인정받을 때 능력을 발휘할 수 있는 생명체입니다.

2장.

'착각'을
버리자

일이 잘 풀리지 않는 건
'사리사욕'이 부족해서다

우리가 괜찮다고 여길 수 없는 가장 큰 원인은 스스로가 이래서는 안 된다고 착각하거나, 누군가가 괜찮지 않다는 잘못된 생각과 말을 반복적으로 들어왔기 때문입니다.

그 착각 중에 '사리사욕은 잘못된 것'이라는 인식이 있습니다.

대개 일이 잘 풀리지 않는 사람은 이 사리사욕이 부족할 때가 많아요.

물론 사리사욕을 갖지 않아야 잘되는 일도 있습니다.

예를 들면 고위급 관료나 공무원들의 일은 공정해야 합니다. 왜냐하면 국민 모두의 돈과 생활을 책임지고 있으니까요.

그런데 장사나 사업은 자신이 하고 싶은 일, 목적, 욕망 등을 이루어 내기 위해 하는 일입니다.

따라서 '좀 더 큰 성공을 거머쥐고 싶다.'라는 마음을 품으면 자연히 세상과 모두를 염두에 두게 됩니다.

그런 걸 처음부터 사리사욕이라고 억누르면 최선을 다할 수도 없고 중요한 힘도 낼 수 없게 됩니다.

그래서 '좀 더 옷을 많이 사고 싶다.' '고급 승용차를 타고 싶다.' '좀 더 인기를 얻고 싶다.' 등등 나만의 사리사욕을 불태워도 된답니다.

그런 식으로 성공한 사람이 되면 저절로 "모두의 행복을 위해서", "세상을 더욱 아름답게 만들기 위해서"라는 말이 나오게 되니까요.

만사를 사리사욕으로 처리하면 안 된다고 생각하는 사람은 욕망을 드러내거나 돈을 버는 것에 죄책감을 품고 있습니다.

그러나 장사는 고객을 기쁘게 하지 않으면 할 수 없습니다.

그렇게 해서 상품이 많이 팔리면 당연히 좋지요. 많은 사람이 기뻐하니까 많이 팔리는 겁니다.

그리고 상품을 많이 팔면 돈을 벌게 됩니다. 그 돈으로 직원도 채용할 수 있고, 세금도 낼 수 있지요. 결과적으로 아무 문제가 없어요.

그런데 부자는 모두 나쁜 사람들이라며 제멋대로 착각하는 사람들이 있습니다.

물론 그중에는 사악한 부자들이 있을 수도 있지만, 다들 그런 건 아닙니다.

사리사욕을 위해서 상대나 주변 사람을 전혀 배려하지 않는 건 좋지 않은 일이지만, 사리사욕을 만족시키는 동시에 많은 사람을 존중하는 것도 가능합니다.

행복이나 성공이라는 것은 결국 서로가 잘 통합되지 않으면 제대로 이루어질 수 없습니다.

당신의 욕망을 마음껏 활용하세요.

큰 성공을 바라면 자연히

주변 사람과 세상을 위해 움직일 줄 알게 되니까요.

모두가 자신이
좋아하는 일을 해도
세상은 망가지지 않는다

사리사욕이 중요하다는 이야기를 하면, 많은 사람이 "저한테도 욕망이 있어요."라고 대답합니다. 하지만 그런 사람들의 말을 자세히 들어보면 '그 정도로는 아직 욕망이 많이 부족한데.'라는 생각이 들곤 해요.

왜냐하면 저는 오직 좋아하는 일만 합니다. 좋아하는 일을 하고, 하고 싶은 말을 하지요.

여기까지는 '나도 그렇다'고 동의하는 사람이 있을지 모르겠습니다.

하지만 저는 거기에 더해서 아예 "회사에도 출근하기 싫어."라고 말하지요.

그렇게 말하면 다들 "회사에 출근을 안 하고 어떻게 일을 할 수 있어요?"라고 말하지만, 나 대신 일해 줄 사람을 고용하면 제가 굳이 출근하지 않아도 됩니다.

그러면 다시 "회사 대표가 회사에 안 가면 직원은 일을 안 한다"고 반박하지만, 근면한 직원을 채용하면 제가 없어도 알아서 야무지게 일을 처리해 줍니다.

어떻게 그렇게 내 맘대로 움직여 줄 사람을 구하느냐고 따질지도 모르지만, 실제로 우리 회사에는 제가 출근하지 않아도 모두가 최선을 다해서 일합니다. 어떤 일이든 그 일을 아주 좋아하는 사람이 있는 법이니까요.

예를 들면 쌀농사도 지금은 기계만 돌리면 몇 십 명분의 몫을 혼자 해결할 수 있습니다. 그러니까 몇 십 명 중 한 명이라도 쌀농사를 좋아하는 사람이 있다면 쌀농사가 가능하지요.

모두가 자신이 좋아하는 일만 한다면 세상이 미쳐서 돌아가게 될 것이라고 말하는 사람도 있지만, 그런 일은 절대로 일어나지 않습니다.

많은 사람이 자신이 좋아하는 일을 하려면 무언가를 희생해야 한다고 착각하는데, 제가 보기에는 그건 그저 욕망이 부족한 것일 뿐입니다. 그러니까 "나는 내가 좋아하는 일만 하고, 하고 싶은 말만 합니다."라고 하면, 다들 '하고 싶은 말만 하면 남들이 싫어한다'거나 '좋아하는 일만 하려고 하니까 다른 사람들의 원성을 사도 할 말이 없다'고 생각하는 것이지요.

개중에는 "미움을 받더라도 자기가 원하는 일을 하라"고 말하는 사람도 있지만 제 의도는 그런 게 아닙니다. 좋아하는 일을 하고, 하고 싶은 말을 하면서도 다른 사람들의 사랑을 받는 사람이 되라는 뜻입니다.

미움을 받아도 좋다고 말하는 것 자체가 욕망이 부족하다는 증거입니다.

그 외에도 "꿈을 이루기 위해서는 어떤 것을 포기해야 한다. 꼭 버려야 한다."라는 식의 말도 나오는데 그것 역시 욕망이 부족한 것입니다.

두 마리 토끼를 쫓는 사람은 한 마리도 얻지 못할 것 같지만, '일석이조'나 '일거양득', 그리고 더 나아가 '일망타진'이라는 말도 있답니다.

나의 욕망을 열심히 탐구해 보세요.
원하는 일을 기분 좋게 하는 건
누구라도 할 수 있는 일이니까요.

자신의 재능이
'어디에 맞는지'
생각한다

용기 없는 사람이 '나도 힘내서 용기를 내 보자'고 마음을 먹어도 결국 평범한 사람 정도가 되는 것이지 절대로 비범해질 수는 없습니다. 따라서 그런 것보다는 나를 살리는 방법을 생각해 보는 것이 더 좋습니다.

성급함을 살리고 공격성을 살려서 '이건 이럴 때 드러내도 되지만, 저런 경우에는 그렇게 하면 안 되겠다'는 식으로 컨트롤하면 어떤 일이든 반드시 성공할 수 있습니다.

성급하거나 공격성 있는 사람이 그 재능의 방향을 자기 일로 돌리면 엄청난 성과가 나오게 됩니다.

그런데 일이 바쁠 때는 그 재능을 업무에 쏟아 내지만, 한가할 때는 그걸 사람에게 터뜨리는 경우가 있습니다.

그럴 때는 여행을 가는 등 사람을 향하지 않도록 자신의 재능을 잘 구사하면 됩니다.

오다 노부나가도 성급한 성격과 공격성을 자기 일에만 쏟아부었다면 좋았을 겁니다.

또한 최측근이었던 아케치 미쓰히데 같은 인물에게 "자네는 정말 대단해. 이렇게 잘되는 것도 자네 덕분일세."라고 말해 줬다면, 그 역시 노부나가를 위해 기쁘게 일하고 모반 같은 건 절대로 일으키지 않았을 것입니다.

천하 통일이라는 원대한 목표를 가졌으니 미움을 받아도 어쩔 수 없다고 생각할 것이 아니라 조금 더 욕망을 가지고 모두의 사랑을 받도록 노력하면 될 일입니다.

하고 싶은 말을 하고 원하는 일을 하면서 동시에 다른 사람들의 애정을 받는 게 더 좋은 일입니다.

자신의 재능을 완전히 파악해서,
제대로 컨트롤하고 확실히 살리는 방법을 생각해 보세요.

재능 넘치는 노력가가
저지르는 실수

재능도 있고 노력까지 아끼지 않는 사람은 자기처럼 노력과 재능을 갖춘 사람을 좋아합니다. 그리고 재능도 없고 노력도 하지 않는 사람을 보면 분노를 감추지 못하지요.

그런 사람은 남들도 자신과 똑같다고 생각하는 경향이 있습니다.

타인의 결과가 자신이 해낸 수준에 이르지 못하면 참지 못하지요.

그래서 자신도 모르게 "왜 내가 말한 대로 못하지?" "왜 그런 것도 못해?" 등의 말을 쏟아 내게 됩니다.

리더를 비롯하여 다른 사람들 위에 서는 사람에게는 반드시 그들을 지지해 주는 사람들이 있습니다. 결코 혼자서 모든 일을 다 해내는 것이 아닙니다.

지지해 주는 사람들을 다른 것에 비유하면, 성루의 토대 같은 존재라고 할 수 있습니다.

주목받는 사람은 성루 위에 오르지만, 그를 지지해 주는 사람이 있기에 그의 안전이 보장되는 것이지요.

그래서 윗사람이 아랫사람에게 험한 말을 하거나 결점만 지적하게 되면, 그를 지지해 주던 사람들이 전부 떠나가서 토대도 사라지게 됩니다.

그렇게 되면 악담만 떠들던 그 사람은 높은 망루에서 그대로 추락하고 맙니다.

유명 헤어 디자이너 같은 사람도 재능이 있을 뿐만 아니라 노력도 합니다. 그래서 그런 노고가 당연하다고 여기지요.

그러다 보니 자기처럼 하지 못하는 사람에게 화를 내고 자연히 짜증을 내게 됩니다.

하지만 그런 행동을 계속하다가는 어느 날 자기가 일하는 곳에 아무도 없게 될지 모릅니다.

미용실에는 예약을 받아 주는 사람, 머리를 감겨 주는 사람, 뒷정리를 해 주는 사람이 있기에 여러 가지 업무가 돌아갈 수 있는 겁니다.

위만 쳐다보고 있으면 그런 간단한 순리도 모른 채 살게 됩니다.

그래서 '월급을 주니까 그렇게 하는 건 당연하다, 그 정도는 굳이 말하지 않아도 알아서 해야 하는 거 아니냐'가 아니라, "고생 많으셨습니다.""감사합니다.""대단하십니다."라고 말하며 감사의 뜻을 표현해야 합니다.

그러면 일하는 사람들도 '저 대단한 유명 헤어 디자이너가 이런 나를 고맙게 여기는구나.' 하는 생각에 기뻐하지요.

어떤 사람이라도 자신이 존중받지 못하면 화가 나기 마련입니다. 반면에 존중을 받으면 누구든지 크게 기뻐합니다.

나의 일이 어떻게 돌아가고 있을까요?
남들 위에 선 사람일수록 더욱 생각해 봐야 할 문제입니다.

세상을 위해
욕망을 불태워라

'고난과 역경을 뛰어넘은 곳에 행복이 존재한다.'

'아무리 싫은 일이라도 노력하면 반드시 행복이 찾아온다.'

이런 것도 '착각'에 해당합니다.

이것은 일본이 매우 가난했던 시절에 통용되던 말이었습니다.

예전에는 일본 전체가 가난해서 누구나 부유하게 지낼 수 없었습니다. 그래서 여러 가지 고생을 참아 내기 위해 그런 말이 나왔던 것이지요.

하지만 요즘 세상은 모든 것이 풍부해졌고, 굳이 고난과 역경을 뛰어넘지 않아도 누구나 행복해질 수 있는 세상이 되었습니다.

옛날에는 직업도 선택할 수 없었고, 원하는 걸 뭐든지 손에 넣을 수 있는 건 아주 높은 지위에 있는 사람들뿐이었습니다. 그러나 지금은 일자리도 원하는 대로 고를 수 있고, 돈을 저축하면 뭐든 다 살 수 있지요.

그래서 일은 '먹고 살기 위해서'가 아니라 자동차나 집을 갖거나, 지금의 내 모습을 유지하고 싶다는 당신의 욕망을 달성하기 위한 수단입니다.

오다 노부나가든, 도쿠가와 이에야스든, 중국의 진시황이든, 제아무리 "세상과 만민을 위해"라고 말해도 사실은 자기 욕망을 달성하기 위해 자기 일을 했습니다.

이 세상은 사리사욕을 가지고 일해도 잘 굴러가게 만들어져 있습니다.

많은 돈을 벌고 많은 세금을 내면 그게 결과적으로 세상과 만민을 위한 일이 됩니다. 규칙만 잘 지킨다면 말이지요.

'일주일에 한 번 낚시하러 가는 게 낙이다.' '퇴근 후에 한잔하는 게 즐거움이다.'라는 것도 그 나름의 욕망입니다. 그게 원동력이 되어서 나의 소망이 이루어지는 것이지요.

그리고 사람은 욕망을 추구할 때 더 건강하게 살 수 있습니다. 회사에도 가고 쉽게 일을 그만둘 수 없게 됩니다. 오히려 그런 욕망이 없는 사람이 금방 회사를 그만두게 되지요.

낚시를 좋아하는 사람은 '출근하지 말고 그냥 낚시만 하면서 살면 좋겠다.'라고 생각하지만, 현실적으로는 그럴 수 없으니까 회사에서 일하며 자기의 여유 시간을 활용하여 낚시를 하러 갑니다.

낚시와 마찬가지로 일에도 최선을 다해 열정을 쏟아부으면, 그 일의 결과가 반드시 누군가에게 도움이 됩니다.

정작 문제는 낚시 같은 취미마저도 전혀 관심이 없는 사람이지요.

그래서 좀 더 적극적으로 즐길 것을 찾고, 욕망을 만족시키는 것이 나 자신을 위해서도, 더 나아가 세상을 위해서도 좋은 일입니다.

자신이 하고 싶은 일이나 갖고 싶은 걸 명확히 하세요.

그렇게 하면 일과 취미 사이에 바람직한 균형이 잡힙니다.

즐거움이 없는 사람은
시큼한 레몬즙을
마시는 것과 같다

'괜찮다'는 것을 이해하고 받아들이면, 사람은 갑자기 자기 재능에 대해 깨닫게 됩니다.

그러면 바로 자기 재능의 활용법을 이해하게 되고 새로운 가능성도 넓어져서 인생이 더욱 빛나게 되지요.

자신감을 가졌다면 이제 남은 건 뭐든 좋으니 자신이 하고 싶은 일이나 좋아하는 일 등 즐거운 것들을 많이 생각하고 그것을 실현할 방법을 찾아서 행동에 옮기는 것뿐입니다.

자신이 하고 싶은 일이나 좋아하는 일을 하는 것을 다른 것에 비유한다면, 마치 레몬즙에 설탕을 넣는 것과 같습니다.

시큼한 레몬즙은 그대로 마실 수 없지만, 물이나 탄산수를 섞어서 거기에 설탕을 넣으면 맛있는 레몬주스가 되지요.

이와 마찬가지로 인생도 어떤 즐거움을 찾으면 일도, 취미도 '다 열심히 해 보자!'라는 마음이 생기게 된답니다.

일이 힘들어도 휴일의 즐거움이 기다리고 있다면, 그 어려움을 견딜 수 있지요. 그저 나 자신이 재미있다고 느끼는 것이 중요합니다.

멋을 부리고 싶은 사람이라면 옷값이 들고, 여행을 가고 싶은 사람이라면 여행 자금이 듭니다. 그림 그리기를 좋아하는 사람이라면 그리는 것 자체는 공짜일지 몰라도 화구가 필요하지요.

멋진 옷을 사기 위해서라면, 1년에 한 번 하와이에 가기 위해서라면, 일주일에 한 번씩 그림을 그리기 위해서라면 힘든 일도 견뎌 낼 수 있는 겁니다. 그러니까 결국 노동이란, 자신의 욕망을 만족시키기 위한 수단에 불과하지요.

"한 달에 10만 원의 용돈을 써서 매일 술 한 잔을 즐기는 게 낙이다."라고 말하는 사람은 그 즐거움을 위해 열심히 일할 수 있습니다. 오히려 반대로 "일에 힘을 내기 위해 술 한 잔으로 기분전환을 한다."라고 말한다면 상황이 완전히 달라집니다.

멋부리기 위해 일한다.

여행을 가기 위해 일한다.

술 한 잔의 여유를 즐기기 위해 일한다.

그림을 그리기 위해 일한다.

이렇게 되면 일도 '즐거움의 일환'이 됩니다.

인생에 즐거움이 하나도 없는 사람은 "아아, 시다, 셔."라고 불평하면 시디신 레몬즙을 그대로 마시는 것과 같답니다.

나의 가능성을 넓히는 것은 결국 나 자신입니다.

시디신 레몬즙을 맛있는 레몬주스로 만들어 보세요.

현재를 즐기고, 노후를 더욱 즐겨라

왜 인생이 잘 풀리지 않는지 의문을 갖는 사람들 중에는 간혹 휴식과 놀이에 대해 죄책감을 느끼는 사람이 있습니다.

그런 사람은 무언가를 즐기는 것 자체를 나쁜 일이라고 생각합니다.

물론 옛날만 해도 근면하게 자는 시간까지 아껴 가며 일하는 것을 미덕으로 삼았습니다. 하지만 시대가 바뀌었지요.

에도에서 교토까지 이어진 도카이도 53차(東海道五十三次)를 약 2주에 걸쳐 걸었던 에도 시대의 상식과 도쿄에서 오사카까지 신칸센 열차로 2시간 반 만에 갈 수 있는 현대의 상식은 전혀 다르니까요.

옛날에는 '인생 50년'이라고 했지만, 지금은 70~80세는 거뜬히 넘게 삽니다. 그야말로 예전과 비교하면 '몇 배'나 되는 세월을 사는 사람이 많아졌지요.

옛날이라면 '이제는 내 인생도 끝이군.'이라고 느낄 때, 오늘날에는 '앞으로 또 한평생 더 살 수 있겠다.'라는 마음을 갖게 됩니다.

아무리 부부라도 예전과 변함없는 생각만 갖고 있다면 금방 질려서 그 관계에 따분함을 느끼고 맙니다.

이러한 인간관계와 일도 그렇지만, 놀이도 갑자기 놀려고 하면 놀수 없습니다. 근육처럼 쓰지 않으면 퇴화하고 말지요.

개중에는 회사를 정년퇴직하고 나서 '시간이 생기면 그때 놀자.'라고 마음을 먹었다가, 막상 때가 됐을 때 어떻게 놀아야 할지 모르는 사람이 있습니다.

그래서 앞으로의 시대는 현재를 즐기고, 노후 역시 더욱 즐기자는 마음가짐을 가져야 하는 시대라고 할 수 있습니다.

'할 수 있게 되면 하자.'가 아니라 '할 수 있을 때 하자.'
나이가 몇 살이든 일과 놀이를 마음껏 즐깁시다.

'평균대 위'에서
내려오자

우리는 평균대 위를 걸어야 한다고 '착각'하는 경향이 있습니다. 그래서 언제나 불안정하고, 혹시 여기서 떨어지면 어쩌나 걱정합니다. 하지만 평균대에서 내려와도 아무 문제도 생기지 않고, 오히려 내려오는 편이 더 안정되고 안심이 됩니다.

내려오면 그곳에는 더 많은 길과 선택지가 존재합니다. 결코 이게 아니면 안 된다는 것은 없습니다.

나 자신이 선택한 길을 가면 거기서부터는 나만의 새로운 길이 열립니다. 그리고 그 뒤로도 길이 생기지요. 누군가가 지나간 길을 따라가는 것도 좋지만, 사실은 아무도 가지 않은 길을 가는 편이 경쟁이 없어서 더 편합니다.

겉으로 보기에는 많은 사람이 오가는 길을 따르는 게 올바르게 보이겠지만, 사람에게는 각자 나아갈 길이 따로 있습니다.

자신이 이 길을 가고 싶다고 진심으로 생각하고 그 기대로 가슴이 뛴다면, 그게 설령 '가시밭길'이라고 할지라도 그 사람에게는 '꽃길'이겠지요.

반대로 자신이 이 길을 걷길 잘했다는 마음이 들어도 그 길을 자녀나 다른 사람에게 강요하는 것은 옳지 않습니다.

부모님과 선생님을 통해서 자신도 모르는 사이에 몸에 밴 '착각'을 버려 보세요.

그렇게 하면 몸도 마음도 가벼워져서 눈앞에 많은 가능성이 펼쳐져 있다는 것을 깨닫게 된답니다.

위험하고 아슬아슬하게 평균대 위를 걷지 말고
과감히 내려와 보세요.
시야가 확 넓어질 거예요.

실제로 일어나지도 않은
일까지 고민하면
몸만 상한다

고민이나 걱정이 있을 때 쉽게 '괜찮다'고 생각하기 어렵겠지요.

그럴 때는 우선 그 고민과 걱정거리에 관해서 조금이라도 자신이 대처할 수 있는 방법을 생각하고 행동해 봅시다.

만약 경제적인 불안이 있다면 조금씩 저축을 해 본다거나, 건강에 대한 불안이 있다면 몸에 좋은 음식을 섭취하면 되겠지요.

몇몇 사람은 실제로 일어나지도 않은 일에 대해 이런저런 고민을 하고 걱정하기도 하는데, 이런 태도는 정말 좋지 않습니다.

어떤 자동차든 공회전을 너무 많이 하면 망가집니다. 차에 부하가 걸린 상태라면 괜찮겠지만, 아무 부하가 걸리지 않은 채로 액셀을 계속 밟아 대면 엔진이 망가지고 말아요.

예를 들어 2톤짜리 짐을 실을 수 있는 차에 4톤짜리 짐을 싣더라도 못 움직이는 일은 없습니다.

그렇지만 아무 부하도 걸리지 않은 상태, 즉 자동차 기어가 중립에 놓인 상태에서 액셀을 밟아 대기만 한다면 엔진이 망가지게 됩니다.

사람이 실제로 일어나지도 않은 일을 상상하고 고민하는 것 역시이와 마찬가지입니다.

예를 들어서 당신 눈앞에 레몬 조각이 잔뜩 쌓여 있고 그걸 하나씩 먹는 상상을 해 보세요.

어떤가요? 실제로 레몬을 먹지도 않았는데 입 안에 침이 잔뜩 고이지요?

다시 말하면 '생각'은 반드시 몸에 영향을 끼칩니다.

실제로 일어나지도 않은 일을 가지고 불안해하면 몸에는 교감 신경 작용을 높이는 호르몬이 뇌 속에서 분비되어 혈관이 수축하게됩니다. 그러면 자연히 신체의 혈액 순환이 나빠집니다.

동시에 근육도 경직돼서 혈류도 원활히 흐르지 않게 됩니다.

혈액은 몸 안 곳곳에 영양을 공급하고, 동시에 노폐물을 씻어 내는 역할을 합니다. 하지만 근육이 경직되면 혈액이 이런 일을 할 수없게 되지요.

그래서 몸의 상태가 안 좋아지고 약한 곳에 독이 쌓이고, 그것이결국 병의 원인이 되곤 합니다.

옛날 전쟁에서 극심한 추위에 시달리며 잠도 못자며 적군과 고전

해도 병사들 대다수는 그것이 원인이 되어 병을 앓는 일이 없었습니다.

그 정도로 사람의 몸은 튼튼히 만들어져 있지만, 실제로 일어나지도 않은 일을 가지고 걱정하느라 몸에 계속 부담을 주면 그 사람의 몸은 결국 망가지게 되어 있습니다.

상상력을 조금 더 좋은 곳에 쓰세요.
자신이 행복해지는 모습을 상상해 보면서
지금 먼저 할 수 있는 일부터 시작하세요.

'깨달음'이란
'차이'를 만드는 것

사람이 고민하고 걱정해서 불안감을 가지는 것 역시 한 가지 재능입니다. 그러니까 그 고민이나 걱정, 불안에 대해 구체적인 대처를 해 보세요.

그렇게 해 보고 대처할 수 없는 고민이나 걱정이라면 아예 손에서 놔 버리세요. 그러면 어느새 걱정이나 불안이 사라지게 됩니다.

내가 할 수 있는 일을 성심성의껏 하면 주변 사람이나 시간과 운이 저절로 내 편이 되어 모든 걸 해결해 줍니다.

실제로 1년 전에 끙끙 앓았던 고민이나 걱정을 다시 떠올릴 수 있는 사람은 거의 존재하지 않습니다.

'깨달음'이라는 건 고민이나 걱정을 하지 않게 되는 것이 아닙니다.

고민이나 걱정거리가 있어도 그걸 괜찮다고 느낄 수 있는 마음이 바로 깨달음입니다. 그런 '차이'를 만들 줄 알아야 합니다.

상대도 사람이고, 나도 똑같은 사람입니다.

능력에 차이가 생기는 건 각자의 목적이 다르기 때문입니다.

각자의 과제에 차이가 있어도, 영혼을 성장시키려고 노력하는 일에는 차이가 존재하지 않습니다.

그렇게 상대방의 능력이나 모습, 피부색, 언어 등과 다양한 차이를 인정하면서도 서로의 영혼과 생명을 존중할 줄 아는 것이야말로 진정한 깨달음이라고 할 수 있습니다.

언제나 '괜찮다'고 생각하는 것이야말로
진정한 '깨달음'입니다.
고민이나 걱정거리가 있어도
'괜찮아, 정말 괜찮아.'라고 진지하게 생각해 보세요.

3장

이 세상의
'법칙'을
이해하자

'법칙'을 알면
인생이 변한다

이 세상에는 절대적인 '법칙'이 존재합니다.

우리는 이 절대적이고 불변한 법칙이 있기에 주변에서 일어나는 여러 가지 일들에 대해 '괜찮다'고 여기는 것이지요.

예를 들면 만유인력의 법칙이 있습니다.

이것은 지상에 있는 물체가 지구에 끌려가기만 하는 것이 아니라 우주 어디를 가든 모든 물체가 서로를 잡아 끌어당긴다는 이론입니다.

이 법칙 덕분에 우리는 땅 위에서도 생활할 수 있는 것이지요.

만약 '내일 만유인력의 법칙이 사라지면 어쩌지?'라는 생각을 하고 산다면 아예 제대로 된 생활을 할 수 없을 것입니다.

우리는 이미 다양한 법칙을 알고 있습니다.

유명한 법칙들은 자연 과학이나 물리학 세계에 널리 퍼져 있지요.

그렇기 때문에 우리는 여러 가지 발명을 할 수 있고, 다양한 상황을 예측하며, 내일이 온다는 사실을 확신할 수 있는 것입니다.

꼭 과학이나 물리처럼 어려운 것이 아니어도, 우리와 가까운 주변에는 여러 법칙이 있습니다.

그래서 3장에서는 마음의 성장과 행복에 관한 법칙을 소개하려고 합니다.

이것을 이해하면 '괜찮다'고 깨달을 뿐만 아니라 당신의 인생을 극적으로 바꿀 수 있습니다.

눈에 보이지 않지만 존재하는
다양한 '법칙'을 당신 편으로 만들어 보세요.

모든 일에 적용되는 '100퍼센트의 법칙'

당신에게 일어나는 일 중에는 행복한 것도 있는가 하면, 불행한 것도 있을 것입니다.

그런 모든 일에 대해 '이건 모두 100퍼센트 내 책임이야.'라고 생각할 수 있을 때 자신의 인생을 100퍼센트 컨트롤할 수 있게 됩니다. 이것을 '100퍼센트의 법칙'이라고 합니다.

예를 들어 직장 상사가 항상 당신만 꾸짖는다면 그 사람이 나빠서가 아니라 내 안에 그 사람을 화나게 하는 뭔가가 있는 것이라고 생각해 보는 겁니다.

그런 시각을 갖게 되면 그 상사가 모든 부하 직원에게 화를 내는 것이 아니라는 것을 알 수 있게 되고, 그렇다면 꾸지람을 듣지 않기 위해 어떻게 하면 되는지도 깨달을 수 있게 됩니다.

만약 자신이 몇 번이나 속임수에 넘어갔다면, 나 자신에게는 속임수를 간파할 능력이 다소 부족하다거나, 무언가에 잘 속아 넘어가는 면이 있다는 것이지요.

이렇게 100퍼센트의 법칙은 자신에게 일어나는 일은 100퍼센트 모두 자신의 책임이라고 보는 법칙입니다.

만약 50퍼센트는 내 잘못이지만, 상대방도 50퍼센트 정도 잘못이 있다고 본다면 당신의 인생은 그 상대방에게 50퍼센트 지배당한다는 뜻이 되고 맙니다. 상대방이 90퍼센트 잘못했다고 보면 그는 당신의 인생을 90퍼센트나 장악하는 것이 되겠지요.

그런데 100퍼센트 내 책임으로 돌리면 당신은 100퍼센트 자유로워집니다.

그래서 인생을 100퍼센트 나를 위해 살려면 이 100퍼센트의 법칙을 이해해 두는 것이 좋습니다.

인생에서 어떤 일이 일어나더라도
그 원인을 자기 안에서 찾아봅시다.
분명 거기에는 당신이 배워야 할 것이 있을 테니까요.

'100퍼센트 행복하다'고
생각해도
나쁜 일은 일어난다

행복은 결국 일어난 일에 대해 '100퍼센트 행복하다'고 여길 수 있는가 여부에 달려 있습니다.

제가 100퍼센트 행복하다고 생각하더라도 다른 사람에게 한눈을 팔았던 것을 들킬 때도 있답니다. 물론 발이 꼬여서 넘어질 때도 있고, 차가 긁히는 일도 일어나지요. 살아 있는 한, 우리에게는 별의별 일들이 일어납니다.

얼마 전에도 사람들과 드라이브를 하면서 이 100퍼센트의 법칙 이야기를 했습니다.

그 어떤 일이 일어나더라도 행복하다고 느낄 수 있는지에 대해서 말이에요. 그 이야기를 하면서 차 안의 분위기가 무르익었지요. 그리고 중간에 화장실도 갈 겸 쉬려고 휴게소에 들렀습니다.

그런데 차에서 내려 화장실로 가려고 하던 순간, 갑자기 새똥이 제 어깨에 툭 떨어지지 뭡니까! 순간 깜짝 놀랐지만 곧 웃음이 터져 나왔습니다.

누계 납세액으로 일본 1위를 차지한 재벌이자 항상 100퍼센트 행복하다고 여기는 저에게도 이런 일이 일어나니까요.

'100퍼센트 행복하다고 생각한다면 나쁜 일은 절대 일어나지 않는다.'

결코 그렇지 않습니다.

여러 가지 일이 일어나는 중에도, 무슨 일이 일어나도 그 모든 것을 통틀어 100퍼센트 행복하다고 생각할 수 있느냐가 중요하지요.

평범한 사람은 나쁜 일이 일어나면 기분 나빠하거나 운이 없다고 생각합니다.

미래에 일어날 일을 100퍼센트 예측하는 일은 불가능하니까 그렇게 따지면 당신의 행복은 우연에 따라 좌우된다는 뜻이 되지요.

사람을 아예 바꿀 수도 없고, 일어나는 일 자체를 바꾸는 것도 할 수 없습니다. 바꿀 수 있는 것은 오직 나 자신뿐입니다.

무언가에 실패하더라도 경험한 만큼 지혜가 생깁니다. 그러니까 다음에는 그 경험을 살려서 잘 해내면 됩니다.

얼마 전에 어떤 사람이 "조금 안 좋은 일이 있어서 푸념을 쏟아 내고 말았어요. 저도 참 한심하죠?"라고 말했는데 그렇지 않습니다.

행복한 사람이라도 자신도 모르게 푸념이 나오는 법이에요. 그런 것까지 다 포함해서 행복하다고 여겨야 합니다.

하는 일마다 불행하다고 여기는 버릇을 버리지 않으면 절대로 행복해질 수 없습니다.

처음에는 '100퍼센트 행복하다'고 생각하기 어려울 거예요.

하지만 그렇게 계속 생각하면서 세상사를 바라보면,

나에게 일어나는 일의 근본 원인을 차츰 깨닫게 된답니다.

행복은
'찾는 것'이다

불행한 사람은 행복을 잘 찾아내지 못합니다.

전갱이(생선의 한 종류)를 찢어서 말리는 일은 손이 아주 많이 갑니다.

그 점을 생각하고 전갱이를 먹으면 '아아, 행복하다.'라는 생각이 들지요.

수도꼭지를 틀었을 때 물이 나오는 것도 행복한 일입니다. 옛날에는 물을 얻기 위해 강까지 가야 했으니까요.

또 세계에는 굶주림으로 괴로워하는 사람이 약 8억 명이고, 만성적인 영양실조에 걸린 사람이 약 20억 명 정도 된다고 합니다.

세계 각지에서 여전히 분쟁이 일어나서 언제 총격전에 휘말릴지, 폭탄이 투하될지 알 수 없지요.

그에 비해 우리는 평화로운 나라에 살고 있어서 행복하고, 살아

있기만 해도 행복하다는 생각이 듭니다.

행복이란, 행복함을 느끼는 빈도가 높은지 낮은지에 좌우되는 것 같아요. 그리고 그 행복은 누군가에 의해 주어지는 것이 아니라 내가 '찾는 것'이지요.

사소한 일만 벌어져도 불행하다고 푸념하는 사람이 있는데, 행복한 사람에게도 불행한 사람에게도 일어나는 일은 별반 차이가 없습니다.

그래도 행복하다고 여기는 사람이 있는 곳에는 행복이 따라오게 됩니다. 완전무결한 행복을 찾으려고 해 봤자 그런 건 그 어디에도 없습니다.

심지어 신도 행복을 덥석 주지는 않아요. 그저 행복으로 바꿀 수 있는 행복의 씨앗을 줄 뿐이지요.

이 세상에는 성격이 완벽한 사람도 존재하지 않습니다. 누구에게나 결점 한두 가지는 있지요.

세세하게 따지지 않는다면 누구나 '좋은 남자', '좋은 여자'입니다. 그런데 "이런 부분을 개선하면 좋겠다." "저런 걸 고치면 어떻겠냐"는 식으로 말하면 언제까지나 불만에 끝이 없습니다.

행복은 50점, 60점이면 충분합니다. 너무 완벽을 추구하면 절대로 행복해질 수 없어요.

축구를 좋아하는 사람은 상대 선수의 반격마저도 재미있게 여깁니다. 그래서 인생도 훼방꾼이 나타났을 때 '이제 삶이 더욱 즐거워지겠는걸?'이라고 생각하면, 그 사람의 인생은 더더욱 재미있어진 답니다.

사람은 누구나 엄청난 가능성을 품고 있습니다. 그 가능성을 제한하고 축소하려 하기 때문에 잘 안 풀리는 것입니다.

"이래서 안 된다. 저래서 안 된다!"라는 식의 말만 하고 있으면 사람은 점점 작아집니다. 더욱 크고 대범하게 세상을 보세요.

거듭 말하지만
'무언가가 없어서 행복하지 않다.'가 아니에요.
'행복'은 당신 마음의 감도나 감성에 의해
정해지는 것이니까요.

'일의 성공론'과
'마음의 행복론'은
동일하다

행복을 잘 찾아내지 못하는 사람은 사업 성공법을 찾아내는 것도 잘하지 못합니다. 뭐든 잘 풀리지 않는 사람은 행복도 성공도 '찾아내는 것'이라고 생각하지 않아요. 주어지는 것이나 우연히 내 손에 들어오는 것쯤으로 여깁니다.

기회도 다가오는 것으로 여기고, 찾아내는 것이라고 보지 않지요. 즉 평상시에 '찾아내는 습관'이 없다는 뜻입니다.

'밥을 먹을 수 있어서 행복하다.' '일할 수 있어서 행복하다.' 등 행복을 찾는 습관을 평소에 갖춰야 합니다.

자신에게 조금만 안 좋은 일이 생겨도 최악이라며 짜증을 내는 인생과 아침에 일어날 수 있어서 행복하다고 여기는 인생은 전혀 다릅니다.

'행복의 씨앗'을 찾아낼 줄 아는 사람은 '사업의 씨앗'을 찾아내는 것도 잘합니다. 행복한 사람은 좋은 점을 찾아내는 능력이 탁월하다고 할 수 있지요.

그런 사람이 잘나가고 인기 있는 가게에 가면, 그 가게의 장점을 많이 발견하게 됩니다. 그리고 그중에서 자신이 따라 하고 활용할 수 있는 일을 해 보지요.

반대로 불행한 사람은 단점만 찾아내는 기술이 뛰어납니다.

잘나가고 인기 있는 가게에 가도 "아아, 저긴 안 되겠네." "이런 부분이 부족해."라는 식의 말만 늘어놓으면서 일일이 트집을 잡는 행동만 합니다.

사람을 고용할 때도 행복한 사람은 그 사람의 장점만 찾아내서 그걸 칭찬하고 더 키워 주려고 합니다. 하지만 만사가 안 풀리는 사람은 단점만 찾아서 지적하고 그것을 고치려고 애를 쓰지요.

'일의 성공론'과 '마음의 행복론'은 같다고 할 수 있습니다.

매일의 생활 속에서 '행복의 씨앗'을 찾아보세요.
그러면 당신이 많은 씨앗을 만날 수 있다는 것을
깨닫게 될 테니까요.

행복은
'바람'이 아니라
'생각'이다

어쨌든 행복은 무슨 일이 있어도 '100퍼센트 행복하다'고 여기는 것입니다. 아무리 안 좋은 일이 있어도 그것 역시 행복의 일부라고 여기는 사람에게 행복이 자꾸만 찾아오지요.

운 좋은 사람에게는 나쁜 일이 일어나지 않는 게 아닙니다. 운 좋은 사람에게도 나쁜 일이 얼마든지 일어납니다. 단지 그 일을 보는 관점이 다른 것뿐이지요.

일어나는 사건마다 마음이 좌지우지 되고 기분이 나빠지면 진정한 행복을 손에 넣을 수 없습니다.

많은 사람이 행복을 지나치게 과대평가합니다.

인생에는 여러 가지 사건이 일어납니다. 그런 게 없으면 인생이 따분해집니다.

'좋은 일이 있으면 행복하다.'라는 건 '바람'입니다. 그렇다면 바람이 현실화되지 않으면 행복해질 수 없다는 뜻이 되지요.

하지만 저는 '생각'을 더 강조하고 싶습니다.

'좋은 일이 있으면 행복하다. 나쁜 일이 생겨도 그것마저 행복의 일부다.' 이렇게 생각하면 모든 일이 다 행복합니다.

저는 항상 기분이 좋습니다. 그걸 본 사람들이 "히토리 씨는 항상 좋은 일만 있나 봐요."라고 합니다. 저에게도 다른 사람들이 안 좋다고 여기는 일들이 일어나는데도, 저는 그런 걸 가지고 일일이 기분 나빠하지 않습니다.

왜냐하면 그런 일이 일어나는 것도 운명이고, 그것 역시 행복의 일부니까요. 그래서 "부유해서 그런 마음가짐을 가질 수 있는 게 아닐까요?"라는 말도 듣지만, 그런 마음가짐을 가지고 있어서 부유해질 수 있었던 것입니다.

당신에게 일어난 사건을 받아들이는 방법은
생각을 거듭하다 보면 깨닫게 됩니다.
꾸준히 생각하는 것이 중요해요.

결과에는
반드시
원인이 있다

'100퍼센트 행복하다.'

'100퍼센트 나에게 책임이 있다.'

이것을 이해하려면 '원인과 결과의 법칙'을 알 필요가 있습니다.

이 세상에서 일어나는 사건(결과)에는 그 일을 일으킨 원인이 반드시 존재합니다.

그러니까 당신에게 일어나는 일도 모두 원인이 있고, 100퍼센트 당신에 의한 것이지요.

이렇게 말하면 아마도 깜짝 놀라는 사람이 있을 겁니다. 믿기 어렵겠지만 사실입니다. 나아가 이를 더 깊게 이해하려면 '수확의 법칙'도 이해해야 합니다.

내가 뿌린 씨앗은 내가 거둬야 한다는 뜻이지요.

남이 뿌린 씨앗을 내가 수확할 수 없고, 내가 뿌린 것을 버릴 수도 없습니다. 농사와 똑같습니다. 논에 심은 벼 모종만큼 이삭이 열리게 되지요.

만약에 수확을 포기하면, 그것은 또 새로운 원인과 결과를 가져옵니다.

그 원인과 결과는 이번 생애뿐만이 아니라 다음 생애에까지 영향을 미칩니다.

이번 생애에서 수확하지 못할 정도의 인과관계를 낳았을 때에는, 이후 몇 생애에 걸쳐 그것을 수확하게 되기 때문입니다.

그래서 우리는 항상 좋은 씨앗을 뿌리도록 마음을 써야 하고, 나쁜 씨앗을 뿌리게 되었을 때에는 그것을 얼른 거둬야 합니다.

부하 직원의 실수에 "이 멍청아!"라고 화를 내면 당신은 '분노의 씨앗'을 뿌리는 꼴이 되지요.

화를 내면 속이 조금은 시원할지 모르지만, 그 분노는 반드시 돌고 돌아서 당신에게 되돌아오고 말아요.

그러니까 "실수할 수도 있지."라고 다정하게 말하며 "다음부터는 이렇게 하면 돼."라고 잘 지도하는 게 좋습니다.

그래도 못할 때는 "미안하다. 내가 가르치는 방식이 서툴렀구나. 다음부터는 더 잘 가르쳐 줄 수 있도록 고민해 볼게."라고 말하면, 그 사람에게도 호감을 사고 내가 가르치는 방법도 더 나아져서 모두의 사랑을 받을 수 있게 됩니다.

결국 이렇게 자신이 뿌린 씨앗들을 스스로 거두게 되는 것이지요.

이처럼 분노냐 사랑이냐, 뿌린 씨앗에 따라 자신이 수확하는 것이 달라집니다.

즉 100퍼센트의 법칙이나 원인과 결과의 법칙, 수확의 법칙을 이해하면 인생을 스스로 100퍼센트 컨트롤할 수 있게 됩니다.

이 세 가지 법칙을 알고, 이해하고, 실천한다면,

당신의 눈앞에 보이는 인생의 풍경이 달라질 거예요.

법칙은
영혼을 성장시키는
'시스템'이다

이런 법칙은 무엇을 위해 존재하는 걸까요?

한마디로 설명하자면 '영혼의 성장을 위해서'라고 할 수 있습니다.

우리의 영혼은 몇 번이고 다시 태어납니다. 그런 과정에서 다양한 경험과 체험을 하며 영혼의 성장을 꾀하지요.

우리는 태어날 때 이 인생 속에서 어떤 경험과 체험으로 영혼을 성장시킬 것인지 계획하고 세상에 나옵니다. 부모님이나 형제, 그리고 만나는 사람 등에 걸맞은 환경을 선택해서 태어나는 것이지요.

그러나 우리는 태어남과 동시에 이번 생의 목적과 전생의 일 등 영혼의 기억을 쉽사리 떠올리지 못합니다.

왜냐하면 그러는 편이 영혼의 성장에 도움이 되기 때문입니다. 하지만 그렇게 되면 목적지가 어디인지 알 수 없어서 길을 잃기 쉽지요. 따라서 영혼의 부모인 신은 다양한 '시스템'을 만들어 두었습니다. 앞서 설명한 법칙들도 그중 하나입니다.

우리의 성격이나 무언가를 좋아하고 싫어하는 마음, 욕망 등도 신이 붙여 준 것이라고 할 수 있습니다. 그래서 그것을 부정하기보다는 살리는 쪽으로 생각하는 편이 인생에 더 유익합니다.

그래도 사람은 실수하고, 길을 헤맵니다. 그럴 때에는 신이 여러 가지 방법으로 '계시'를 줍니다. 병에 걸리고, 불행한 일을 만나게 되는 것도 '그건 잘못됐다.'라는 신의 계시라고 할 수 있지요.

건강에 문제가 생기는 것도 어딘가가 잘못됐기에 생기는 일이고, 행복해지지 못하는 것도 근본적으로 무언가가 잘못됐기 때문입니다.

흔히 "이 불행 끝에는 행복이 있을 거야."라고 말하지만, 잘못을 고치지 않는 한 절대로 행복해질 수 없습니다.

모든 일은
영혼을 성장시키기 위해 일어납니다.

문제는
고민하라고 있는 게
아니다

　저는 "히토리 씨는 고민이 하나도 없나 봐요?"라는 말을 자주 듣습니다. 하지만 고민이 없는 것과 문제가 없는 것은 다릅니다.

　저에게도 여러 문제가 일어나지만, 그 문제들로 인해 고민하지는 않습니다.

　문제는 누구에게나 일어납니다. 왜냐하면 그것이 영혼의 성장에 필요하기 때문이지요.

　문제가 전혀 없는 영혼은 성장할 필요가 없습니다. 애당초 그런 영혼은 태어나지도 않습니다.

　우리는 모두 미숙한, 성장이 필요한 영혼들입니다. 그래서 실수도 하고, 문제도 끌어안게 됩니다.

　하지만 미숙하다는 건 아직 완성되지 않았다는 뜻입니다.

그래서 아직 더 성장할 여지가 생기지요.

　우리는 문제를 고민하기 위해 태어난 게 아닙니다. 문제를 해결하기 위해 태어난 것입니다.

　그 문제를 해결했을 때 영혼이 성장하게 됩니다.

　또한 해결할 수 없는 문제는 아예 생기지도 않습니다. 신은 당신에게 해결할 수 있는 문제만 주니까요.

　만약 당신이 지금 무언가로 고민하고 있다면, 그건 '영혼을 성장시킬 순간이다.'라는 신호입니다. 그러니까 '이 문제를 통해 내 영혼을 성장시킬 수 있는 해결책은 무엇일까?'라고 생각해 보세요.

　분명 당신의 가슴속에 그 대답이 숨어 있을 겁니다.

3장에서 소개한 세 가지 법칙은

무엇을 위해 존재하는지,

그 이유를 가만히 곱씹어 보세요.

마음 깊은 곳을 비춰 주는
'거울의 법칙'

우리는 이번 생에 갖고 태어난 문제로부터 절대로 벗어날 수 없습니다.

설령 그 문제에서 잠시 도망쳤다 하더라도 또 다른 문제, 즉 본질적으로는 동일한 문제가 나타납니다.

예를 들면 근무하던 회사에서 인간관계가 싫다는 이유로 회사를 그만두면, 또 다른 회사에서 비슷한 인간관계 문제가 생깁니다.

이처럼 인간관계에서 안 좋은 일만 생긴다면, 그건 자신 내부에 그렇게 만드는 무언가가 있다는 뜻입니다.

"상사가 저에게 못된 말만 합니다."라고 하는 사람도 나중에 상사의 자리에 오르면 마찬가지로 똑같은 행동을 할 성격이기 때문에 같은 문제가 일어나게 됩니다. 이것이 바로 '거울의 법칙'입니다.

"내가 호의적으로 남을 대하면 상대방도 날 호의적으로 대한다. 상대방에게 열등의식이나 적대심을 가지면 상대방도 똑같은 감정을 갖는다." 이런 말은 어디까지나 표면적인 이야기에 해당합니다. 그러나 거울의 법칙은 조금 더 내면적으로 깊은 곳까지 비춰 줍니다.

예를 들어 '거만한 사람을 봤을 때 화가 많이 나는' 사람은 자기 마음속에서도 다른 사람들 위에 섰을 때 거만하게 굴 성격이 숨어 있다는 의미와 같습니다.

혹은 자신이 거만하게 나서고 싶지만 억누르고 있다는 뜻이지요. 그런 욕구를 꾹꾹 눌러 참고 있으니까, 누군가가 거만하게 나서면 화가 나는 겁니다.

거울은 당신의 모습을 있는 그대로 비춰 줍니다.
당신 마음속의 거울은 무엇을 비춰 주나요?
자신을 비춰 주는 거울을
똑바로 볼 수 있는 사람이 되세요.

거울을 닦아도
얼굴의 얼룩은
지워지지 않는다

사람은 모두 '상처'를 가지고 태어납니다.

그리고 대다수의 경우, 같은 상처를 가진 부모에게서 태어나지요. 왜냐하면 그건 자신의 상처를 깨닫기 위해서입니다.

폭력을 행사하는 사람은 폭력적인 부모 밑에서 태어납니다.

그래서 '이것은 나에게 그런 문제가 있기 때문이다.'라고 생각하면 그 상처도 낫게 할 수 있지만, 폭력적인 부모가 나쁘다고 말하면 그 상처는 절대로 나을 수 없습니다.

또한 그런 사람은 자신이 부모가 되어도 똑같은 행동을 하게 됩니다.

자신의 얼굴에 얼룩이 묻으면 아무리 거울을 닦아도 거울 속의 얼룩을 지울 수 없습니다. 심지어 거울을 바꿔도 소용이 없지요.

그러니까 직장 상사가 싫다고 해서 회사를 그만두어도, 또 다음 회사에서 비슷한 사람을 만나게 됩니다.

하지만 거울을 보고 내 얼굴의 '얼룩'을 알아차리고 씻어 내면 깔끔해지듯이, 자기 내면에 있는 상처를 알아차리고 낫게 하면 주변에서 일어나는 현상도 달라집니다.

직장 상사의 대응이 변하거나 오히려 상대방이 전근을 간다거나, 혹은 자신이 승진해서 부서 이동을 하는 등의 일이 일어나게 되지요.

거울에는 있는 그대로의 내 모습이 비칩니다. 이와 마찬가지로 나에게 일어나는 일들은 모두 내 상처가 투영된 것입니다.

그래서 나에게 일어난 사건들을 남 탓으로만 돌리면 언제까지나 만사가 풀리지 않습니다.

당신 자신의 거울에 비친 모습을
똑바로 보고, 깨닫고, 대응하면,
현실 세계가 재미있게 변화합니다.

'답'은 다수결로
정할 수 없다

우리 자신이 가지고 태어난 마음의 '상처' 대부분은 부모나 형제를 보면 알 수 있습니다. 그래도 알아차리지 못할 때에는 회사의 인간관계에서 드러나게 됩니다.

중요한 건 내가 깨달을 때까지 계속 그 일이 이어진다는 것이지요.

그것은 마치 눈사람을 만드는 것처럼 작은 눈덩이가 점점 커지는 모습과 비슷합니다.

과거에 치유하지 못한 마음의 상처가 점점 커지다가 결국 참지 못할 정도로 커져서 마침내 스스로 고치자고 마음을 먹을 때, 비로소 진정으로 상처가 낫기 시작합니다.

그 문제로 고통스러워하는 사람에게 치유법을 가르쳐 주어도 그 사람 자신이 그 상처를 낫게 하려고 하지 않는다면 그는 아직 고통이 부족한 겁니다.

잘못이 계속되니까 괴로움도 계속 이어집니다. 참는다고 해서 어떻게 될 일이 아니지요.

'꽝'이 나온 복권을 아무리 쥐고 있어도 당첨 복권으로 바뀌지 않는 것처럼, 안 되는 건 시간이 지나도 안 됩니다.

세상이나 많은 사람들이 옳다고 해도 잘못된 경우가 있습니다. 어떤 일을 계속해도 잘되지 않는다면 '그건 잘못됐다'는 신호입니다.

도쿄 대학의 입시 시험에서도 어려운 문제는 정답률이 낮습니다. 하지만 정답률이 낮다고 해서 답이 잘못됐다고 할 수는 없습니다.

해답은 다수결로 정해지는 게 아닙니다. 어떤 것에 대해 말하는 사람이 많으면 그것이 옳다고 여겨질지 모르지만, 그 말을 하는 사람들이 현실적으로 도움을 받은 것이 아니라면 그걸 옳다고 여기는 건 이상한 일 아닐까요?

당신의 문제를 해결할 수 있는 사람은 당신뿐입니다.
잘못을 깨달았다면 스스로 고쳐 봅시다.

호랑이를 잡는 사람보다
함정을 판매하는 사람이
돈을 더 잘 번다

사람이 난관에 맞서 싸우려고 할 때에는 반드시 '용기'가 필요합니다.

하지만 우리 중에는 용기를 낼 수 없는 사람도 있습니다.

그러나 용기를 내지 못한다고 해서 그 사람을 쓸모없다고 치부할수는 없습니다.

용기를 내지 못하는 사람은 '용기 없는' 재능이 있는 겁니다. 그런 사람은 안정감을 원하는 것뿐이지요. 바로 그 안정감 속에서 영혼을 성장시키는 사람인 것입니다.

아무리 "이렇게 하는 게 더 나아."라고 해도 그렇게 하지 못하는 사람은 그것을 '하지 못하는' 재능이 있는 것뿐입니다.

당신 안에는 최고의 행복을 얻기 위해 '못하겠다', '용기가 나지 않는다'는 등의 생각이 내재되어 있습니다.

그런 사람은 자신이 할 수 있는 일을 통해서 영혼을 성장시켜야 반드시 좋은 결과를 얻게 됩니다.

원대한 목표를 갈구하는 것도 재능이지만, 작은 행복을 좇는 것 역시 재능입니다.

그것을 부정하는 것보다는 살리는 편이 훨씬 더 만사가 잘 굴러가게 하는 것이지요.

이런 제 이야기를 들어도 아무런 행동도, 실천도 하지 않는 사람이 있을 것입니다.

그것은 지금이 그런 '단계'라서 그렇습니다. 그 사람은 아직 '듣는 단계'에 해당하기 때문에 지금은 그냥 듣기만 해도 됩니다. 즉 알기만 해도 되는 것이지요.

행동으로 옮길 수 있는 사람은 '행동 단계'에 들어가 있는 것입니다. 따라서 아직 행동하지 못하는 사람은 다음 생에서 하면 됩니다.

우리는 영겁의 세월을 살아가면서 '영혼의 수행'을 하고 있습니다. 그래서 실천하지 못하고 죽어도 괜찮고, 지금 당장 실천하지 못하는 겁쟁이로 살아도 괜찮습니다.

용기 있는 사람은 호랑이굴에 들어가서 호랑이 새끼를 붙잡을 수 있습니다.

하지만 용기가 없는 사람은 함정을 설치합니다.

게다가 호랑이를 직접 잡으러 가는 것보다 함정을 만들어서 판매

하는 편이 더 안전하고 돈도 많이 법니다.

겁이 많으면 성공하지 못하는 게 아닙니다. 겁이 많다면 그 겁 많은 면모를 잘 살리면 됩니다.

그런 사람을 보고 "용기가 없어서 안 된다." "반드시 노력해야 한다." "하던 일을 중간에 포기하면 안 된다."라고 하는 건 잘못된 일입니다.

중간에 그만두지 않고 계속할 수 있는 사람은 그런 재능을 가진 것입니다. 반면에 저처럼 끝까지 가지 못하는 사람도 있습니다.

그러니까 어떤 일을 계속하지 못하는 사람은 그 '계속하지 못하는' 재능을 살리면 됩니다.

사람마다 외모도, 성격도, '재능'도 다릅니다.
자기만의 '재능'을 잘 살려야 합니다.

강물은
산에 구멍을 내려고
하지 않는다

저는 이 책에 제가 쓰고 싶은 글을 적고 있습니다. 그게 출판사와 독자들에게 기쁨을 줄 수 있다면 최고로 행복할 겁니다. 누군가 "어떻게 그런 일이 가능한가요?"라고 묻는다면, 그건 바로 그것이 '사실'이기 때문입니다.

저는 진실을 소중히 여기며 살아왔습니다. 그렇게 누계 납세액으로 일본 최고가 되었고, 강연회를 열었더니 강당이 꽉 차서 덕분에 책도 꾸준히 팔리고 있습니다.

제가 하는 말은 세간에서 흔히 하는 것과 상당히 차이가 있을 겁니다.

세상 사람들은 고등학교 이상은 졸업해야 사람 구실을 한다고 말하지만, 저는 고교 입시조차 치기 싫었습니다.

강물은 산을 맞닥뜨려도 굳이 구멍을 내려고 하지 않고 그 옆으로 흘러갑니다. 어떻게든 바다에 도달하면 되지요.

우리는 영혼을 성장시키고 풍요롭고 행복한 생활을 하면 됩니다. 그런데 세상은 그것을 반드시 학교에 가서 열심히 공부하고 노력하는 방향으로만 돌리려고 합니다.

신이 저만 '편애'해서 재능을 내려 준 것이 아닙니다. 다들 각자가 필요한 재능을 부여받았습니다. 그러니까 제가 한자를 기억하지 못하는 것도 신이 내려 준 훌륭한 재능입니다.

그런 재능을 살리는 방법을 생각하는 것이 중요합니다.

가난하다면 그 가난을 살립니다. 가난하면 그만큼 돈을 빼앗기거나 잃게 될 걱정을 할 필요가 없습니다.

게다가 지켜야 할 것이 적기 때문에 보수적으로 굴 필요도 없습니다. 그 무엇을 해도 늘어날 뿐이지요. 그러니까 괜찮습니다.

이런 말을 듣고도 내키지 않는다면, 그 사람은 직장생활이 더 적성에 맞는 사람입니다. 그곳에서 영혼이 성장할 사람입니다.

어떤 강물이든
제대로 바다에 도달하면 됩니다.

남의 문제를
자신의 문제로
인식한다

저는 제자들에게도 "이렇게 하면 안 된다."라고 말한 적이 없습니다. 신은 쓸모없는 사람을 만들지 않으니까요.

예를 들어 당신의 가족 중에 문제를 가지고 있는 사람이 있다고 가정해 봅시다.

당신의 눈에는 그 '문제를 가진 사람'이 '한심한 사람'으로 보일 수 있지만, 신은 쓸모없는 사람을 만들지 않는다는 관점으로 그 사람을 보세요. 그리고 자기가 할 수 있는 일로 그 문제의 해결법을 생각해 보는 겁니다.

그렇게 하면 그 시도가 잘 통할 때도 있고, 더 나아가 같은 문제로 고민하는 사람을 위해 깨달은 바를 책으로 써 내면 잘 팔릴 수도 있습니다.

즉 문제를 가진 사람을 바꾸려고 애를 쓰는 게 아니라 나 자신이 할 수 있는 일을 생각해 보는 것이 중요합니다. 그리고 자신에게서 그 문제를 그저 싫어하며 떨쳐 내려고만 하지 말고, 살리는 방법을 궁리해 보면 되지요.

'살리는 것'과 '고치는 것'은 다릅니다.

어떤 문제가 있을 때 감정과 감정이 부딪치면 분노가 표출되지만, "그래, 이해해."라고 하면 서로 충돌할 일이 생기지 않습니다.

그렇게 한 다음 그 문제를 가진 사람이 그것을 고치려고 할지 말지는 그 사람에게 달린 일이지요.

예를 들어 이 책 역시 한번 읽어 보자는 마음을 먹은 사람에게는 구원의 손길을 줄 수도 있겠지만, 읽고 싶지 않은 사람에게는 이 책으로 도움을 줄 수가 없습니다.

그렇다고 그런 사람은 어쩔 수 없다거나, 그냥 내버려 둘 수밖에 없다고 할 필요는 없습니다. 그 사람에게는 다른 배움의 기회가 있을 테고, 거기서 배우면 되니까요.

다른 사람을 바꾸려고 해도 바뀌지 않아요.
우선 나 자신이 변해야 합니다.
그렇게 하면 문제는 저절로 해결됩니다.

사람은
신이 만든
최고의 걸작이다

저는 예전부터 신을 믿고 좋아했습니다.

그리고 신은 '대단한 존재'라고 생각합니다.

그러니까 그 대단한 신이 만든 우리는 '신의 최고 걸작'입니다.

제 주변 사람들은 "히토리 씨는 정말 대단해요."라고 칭찬해 주지만, 주변 사람들의 그런 말이 없어도 저는 저 자신을 대단하다고 생각합니다.

그리고 마찬가지로 제 주변 사람들도 대단하다고 여기지요.

사람은 모두 신이 만든 최고의 걸작입니다. 신은 우리 한 명 한 명에게 멋진 개성이라는 '재능'을 내려 주었습니다.

신이 하는 일은 무엇이든지 완벽합니다. 결코 '실수'가 없습니다.

그러니까 우리가 가진 잘 질리거나 툭 하면 화를 내는 성격 모두

신으로부터 받은 선물이자 재능입니다.

많은 사람은 자신이 할 수 없는 일을 신이 내려 준 선물이자 재능이라고 여기지 않고, 오히려 최대 단점이나 결점이라고만 치부합니다. '신은 자신의 자녀인 인간을 힘들게 하는 일은 절대로 하지 않는다.'라는 사실을 전혀 모르는 것이지요.

자신을 그저 평범한 사람이라고 생각하니까 평범한 삶을 살아가는 것이겠지요.

자신이 가치 있고 대단한 사람이라고 여기면, 자꾸만 가치 있고 멋진 일만 하려고 합니다.

우리는 모두 신이 만든 최고의 걸작이고, 이 세상에 단 하나뿐인 존재입니다. 그런데도 자신이 쓸데없는 사람이라고 생각하면 정말로 쓸모없고 한심한 삶을 살게 됩니다.

참고로 제가 믿는 신은 특정 종교의 신이 아니라 이 우주를 만든 존재입니다.

그래서 저는 특별히 한 종교를 믿지 않고, 따로 어떤 신앙을 가진 것도 아닙니다.

그렇다고 해서 다른 사람들이 믿는 종교를 그만두라고 말하지 않고, 특별히 어떤 신을 믿으라고 권하지도 않아요.

각자 자기가 믿는 신을 믿고, 그래서 '행복'하다면 그걸로 충분합니다.

모두가 자신을 '대단한 사람'이라고 생각하며,
서로 이해하고 힘을 합치면,
더욱 놀라운 일이 일어날 거예요.

나에게 없는 건
필요 없는 것이다

자신을 '흔해 빠진 평범한 사람'이나 '한심한 사람'이라고 여기면 자신만의 가치를 알 수 없게 됩니다.

그렇게 자신이 아무런 가치가 없다는 생각은 남이 가진 것을 나는 갖고 있지 않다는 마음에서 오는 것이겠지요.

'저 사람은 머리가 좋고 명문대를 나왔지만 나는 머리도 나쁘고
성적도 좋지 않아.'

'저 사람은 돈이 많은데 난 하나도 없어.'

'저 사람은 키도 크고 몸매도 멋진데, 난 키도 작고 다리도 짧아.'

'저 사람은 운동도 잘하는데 난 못해.'

이렇게 남이 가지고 있는 것과 자신이 가진 것을 비교해서 나는 아무런 가치가 없다고 느낄 수 있겠지만, 나한테 없는 건 '필요 없는' 것입니다.

신은 그 사람에게 필요한 것만 내려 줍니다.

저는 중학교 졸업이 학력의 전부이고, 대단한 능력도 없지만, 그런 저에게 신은 '누계 납세액 일본 1위'라는 직함을 선사했습니다.

덕분에 많은 사람이 '누계 납세액으로 일본 1위인 사람이니까 어떤 말을 하는지 좀 들어 보자.'라며 제 말에 귀를 기울여 줍니다.

그리고 '가지고 있지 않은' 것도 신이 내려 준 재능이지요.

성공한 인물 중 많은 이들이 가난한 집안 출신입니다. 그래서 돈의 가치를 잘 알고, 어떻게 하면 돈을 벌 수 있을지 필사적으로 생각했던 것이지요.

반대로 부유한 집에서 태어난 사람 대부분은 돈은 당연히 있는 것으로 여기고, 돈을 얻기 위해 특별한 노력을 하지 않습니다. 돈은 늘 있는 게 당연하니까요.

중요한 점은 '가치를 깨닫는 것'입니다.

무조건 열심히 노력해야만 가치가 있다고 생각하는 사람이 많지만 사실은 그렇지 않습니다. 자신의 가치를 인정하고 노력할 때 비로소 그 가치가 발휘되는 법입니다.

3장에서는 이 세상에 존재하는
다양한 법칙 일부를 소개했습니다.
어떤 법칙이든 '나 자신의 모습'을 전한다는
공통점을 가지고 있어요.
그리고 그런 법칙을 통해 배울 수 있는 건,
나에게 일어나는 사건이
과연 얼마나 내 영혼을
성장시킬 수 있는 가르침인지 여부입니다.
무언가를 손에 넣고 꼭 갖추어야만
'행복'해지는 게 아닙니다.
이 점을 진정으로 이해하면
인생을 받아들이는 방식도,
당신의 존재 방식도 변화하게 될 거예요.

행복을
부르는
'진동수'
이야기

성공의 진동수란
무엇인가?

지금부터 '이렇게 하면 성공한다'는 이야기를 하겠습니다.

받아들이기 힘든 이야기일지도 모르지만 믿는 편이 좋을 거예요.

사실 성공하는 사람은 뭘 해도 성공합니다.

실패하는 사람은 뭘 해도 실패하지요. 다 정해져 있습니다.

그럼 "성공하는 사람과 실패하는 사람은 무슨 차이가 있나요?"라고 묻는다면, 성공하는 사람에게는 '성공의 진동수'가 있다는 점이 다르다고 답할 수 있습니다.

모든 사물에는 고유의 진동수가 있습니다.

금에도, 은에도, 철에도, 모든 물질은 에너지 덩어리이고 고유의 진동수를 가지고 있지요.

사람도 우주 에너지의 덩어리입니다.

물질이라는 것을 분해하면 에너지로 변환됩니다.

인체 역시 수소 폭탄 30개를 만들 정도의 에너지가 모인 집합체이지요.

원자폭탄은 원자핵이 일으키는 핵분열 반응을 단번에 에너지로 바꿔서 엄청난 폭발력을 얻는 것입니다.

이와 달리 원자력 발전소는 핵분열 반응을 서서히 일으켜서 그 에너지를 열로 바꾸어 전기를 얻지요.

다시 말해 원자폭탄도 원자력 발전소도 같은 핵분열 반응을 응용한 것으로, 단번에 터뜨리느냐 서서히 열을 내게 하느냐의 차이일 뿐입니다.

그런데 우리는 그 이상의 우주 에너지 덩어리입니다.

이런 이야기는 조금 어렵지요?

그러니까 이 부분은 대충 읽고 넘어가도 좋아요.

진동수가 떨어지면
나쁜 일이 생긴다?!

제가 말하고 싶은 건 오직 사람만이 진동수를 바꿀 수 있다는 점입니다.

기대감으로 가슴이 뛰고 즐거우면 진동수가 올라가는 것이지요. 이 진동수가 높은 사람은 뭘 해도 성공합니다.

그런데 진동수를 내리면 이상한 사람과 엮이게 되는 등 좋지 않은 일이 발생합니다. 나쁜 일이 일어나기도 하고, 질병에 걸리거나, 다치거나, 애인이 변심하거나 등등 말도 안 되는 일이 생기지요.

다시 말해 안 좋은 일은 다 터진다는 겁니다.

흔히 직장 상사에게 혼이 났다고 해서 '풀이 죽는' 사람이 있습니다. 풀이 죽는 행위 자체가 '진동수가 떨어지는 것'입니다.

기운을 느낄 수 있는 사람은 알겠지만, 진동수가 높은 건 바로 이

기운이 밖을 향하는 모습과 같습니다.

그래서 예수 그리스도나 석가모니의 그림에는 반드시 뒤에 후광이 그려져 있지요. 이 후광은 기운이 밖으로 나간 결과, 빛으로 발현되어 보이는 것이라고 할 수 있습니다.

그런데 풀이 죽으면 빛이 안쪽을 향하게 되어 몸속으로 들어가게 됩니다. 아우라가 작아지고 맙니다.

그러면 나쁜 일이 연속으로 일어나게 됩니다.

예를 들어 직장 상사에게 꾸지람을 들은 뒤 풀이 죽을 때도 있지요.

그 외에도 동네 사람에게 험담을 듣는 등 여러 가지가 있어요. '나는 아무 잘못도 하지 않았는데 그런 말을 듣다니!'라고 풀이 죽는 일이 있잖아요?

문제는 풀이 죽는 본인에게 나쁜 일이 일어난다는 겁니다.

화를 낸 직장 상사에게 나쁜 일이 일어나는 게 아니라는 거지요.

풀이 죽은 나에게만 안 좋은 일이 생기는 것입니다.

진동수를
올리는 법

성격도 좋지 않은데 하는 일마다 잘되는 사람이 있지요?

그런 사람을 보면 진동수가 높은 경향이 있습니다.

목소리가 크다거나 유난히 화려한 옷을 입는 식이지요.

성공하기 위해서는 성격보다 진동수가 더 중요합니다.

제 일은 버블 경제가 끝나도, 불황이 계속 이어져도 계속 호황을 누리고 있습니다. 왜냐하면 제가 진동수를 떨어뜨리는 일이 없기 때문이지요.

그러니까 당신에게도 진동수가 떨어지지 않는 비결을 알려 드리겠습니다.

우선 진동수를 올리려면 다소 빠르게 움직이는 교통수단을 타 보거나 자신의 행동을 빠르게 하는 것이 좋습니다. 예를 들어 신칸센 열차에 타거나, 빨리 걷거나, 혹은 일 처리 속도를 높이는 식으로 말이지요. 빠른 행동은 진동수를 높입니다.

그런 다음에는 허세나 거짓말이라도 좋으니까 기운 넘치는 말을 해 보세요.

만약 어떤 사람이 "너, 부장님한테 혼나서 기죽지 않았어?"라고 물어도 "아니, 전혀 기죽지 않았어!"라고 대답하는 거지요.

그런데도 "기가 잔뜩 죽은 것처럼 보이는데?"라고 말하면 "아니, 이제 다시 높이 뛰어오르려고 잠시 몸을 낮춘 거야!"라고 대답하면 됩니다.

즉 "기죽은 거 맞지?"라는 질문에 "그렇다"고 대답하면 절대로 안 된다는 겁니다.

만약 "그렇다"고 수긍하면 어떻게 될까요? 이 세상은, 이 지구라는 별은 '행동의 별'이어서 진동수가 낮아지면 행동에 제약이 생깁니다.

그래서 집 밖으로, 혹은 방 밖으로 나갈 수 없게 되는 것이지요. 다시 말해 행동 범위가 좁아지게 됩니다.

많은 사람이 나쁜 일이 생겼을 때 자기 진동수를 떨어뜨리는 버릇이 있습니다.

그래서 저는 남들에 의해 기분이 좌우되지 않습니다.

저는 언제나 기분이 좋으니까 진동수가 높거든요.

물론 풀이 죽을 때도 있어요. 당연히 기복이 있기 마련이니까요.

기복이 있긴 하지만, 제 진동수가 낮을 때조차도 보통 사람보다 높습니다.

많은 사람이 저를 만나고 싶어 하는 이유도 저와 만나면 진동수가 올라가기 때문이지요.

그러니까 저를 한번 만나 보고 싶어 하는 겁니다.

1등의 기운이 떨어지면
모두의 진동수가 떨어진다

'미움받는 사람'은 진동수를 떨어뜨리는 사람입니다.

누군가를 참 예쁘다고 칭찬하면, 칭찬을 받는 사람은 진동수가 올라갑니다. 하지만 비난을 받으면 진동수가 떨어지지요.

그래서 '싫은 사람'은 진동수를 떨어뜨리는 사람이라고 보면 됩니다.

그런데 저와 만나서 모처럼 진동수를 올렸는데 막상 집으로 돌아가서는 진동수가 떨어지는 사람이 있습니다.

그렇게 진동수가 낮아지면 얼마나 손해를 보는 것인지 제대로 이해하지 못하기 때문이지요. 진동수는 절대로 떨어뜨리면 안 됩니다.

예를 들어 제가 진동수를 떨어뜨리면 우리 회사 '마루칸' 전체의 진동수가 하강하게 됩니다.

피라미드와 마찬가지로 리더가 진동수를 떨어뜨리면 그 아랫사람들의 진동수가 떨어지고, 회사의 대표가 진동수를 떨어뜨리면 거기서 일하는 사람 모두의 진동수가 주저앉고 맙니다.

그러니까 윗사람은 절대 진동수를 떨어뜨리면 안 됩니다.

다른 사람 때문에
진동수가 떨어지는 것을
피하라

많은 사람의 고민을 들어 주고 상담할 때, 상대방에 맞추다 보면 자신의 기분도 가라앉는 사람이 있습니다. 그래서는 절대로 안 됩니다.

저도 종종 다른 사람들의 고민을 들어 줍니다. '히토리 씨 팬들이 모이는 카페'에 가서 풀이 잔뜩 죽어 있는 사람이 있으면 "무슨 일 있어요?" 하고 물어 봅니다. 그러면 "남편이 암에 걸렸어요."라거나 "부모님이 암으로 아프세요."라고 대답하는 분들이 있지요.

가족이 중병에 걸려서 괴로워하는 심정은 이해하지만 그렇다고 해서 나의 진동수까지 떨어뜨리면 안 됩니다.

앞으로 치료비도 많이 들 것이고, 간병도 해야 하잖아요? 당신이 진동수를 떨어뜨린다고 해서 그 사람의 병이 낫는 것이 아닙니다.

따라서 그 사람을 따라서 진동수를 떨어뜨리면 안 됩니다.

얼마 전에는 딸아이가 입시 때문에 많이 초조해한다는 이야기도 들었어요. 그런 일은 매우 흔하지요.

사실 우리의 일생 중에서 중대한 시험을 꼽는다면 고입, 대입, 취직 시험, 이렇게 세 번 정도밖에 없을 겁니다.

그러니 이때 초조해하는 건 당연한 일이에요. 그분 따님이 불안해하는 것도 어쩔 수 없지요.

문제는 당신이 함께 진동수를 떨어뜨리면 안 된다는 겁니다.

그건 오직 딸의 문제지요. 가족 중 누군가가 같이 진동수를 낮추면 집안 전체 분위기가 어두워지고 맙니다.

제가 강연을 할 때에는 수천 명의 사람이 모이는데, 저는 그곳에 모인 사람 모두가 우울해도 저는 끄떡없습니다.

제가 모두에게 이끌려서 같이 우울해해도 어쩔 수 없지만, 그보다는 오히려 참석자 모두를 이끌어 다 함께 진동수를 높여 평안하게 집으로 돌아가게 하지요.

누군가가 저에게 "그럼 진동수를 올리기만 하면 성공할 수 있나요?"라고 묻는다면, "인간 세계에서는 성공할 수 있습니다."라고 답하겠습니다.

왜냐하면 온갖 미움을 받아도 성공하는 사람은 있으니까요.

그래서 지금부터 할 얘기가 아주 중요합니다.

뭐가 어찌 됐든 진동수를 올리세요.

제가 여는 파티에서 큰 소리로 말하는 이유는, 큰 소리를 내면 진동수가 올라가기 때문입니다.

그리고 멋을 내도 진동수가 올라갑니다. 맛있는 음식을 먹어도 올라가고요.

그래서 "왜 다 같이 모여서 파티를 여는 거예요? 무슨 재미있는 놀이라도 있나요?"라고 묻는다면, "모두의 진동수를 함께 높이기 위해서"라고 답할 것입니다.

그 점을 알면 '히토리 씨는 진동수를 높이기 위해서 열심히 생각하는구나.'라고 이해하게 되실 거예요.

그리고 정말 중요한 건 어떤 상황에서도 진동수를 떨어뜨리지 않는 것입니다.

"저도 그러고 싶지만, 그 사람이 못된 말만 하는걸요."라고 반박할 사람도 있을 것입니다. 하지만 못된 말을 한 사람한테는 나쁜 일이 전혀 일어나지 않아요. 나쁜 일은 오히려 진동수를 떨어뜨린 나 자신에게만 일어나지요.

초등학생 때 선생님으로부터 그런 말을 들었다고 해도 선생님은 아마 그런 말을 한 것조차 잊으셨을 겁니다. 그걸 몇 십 년이나 가슴에 담고 풀이 죽어 있다면 전부 자기 손해일 뿐이지요.

'호감 있는 성공 인물'이
되는 법

저는 중학교만 졸업했습니다. 그렇지만 제가 중학교밖에 못 나왔다는 사실에 풀이 죽고 진동수를 떨어뜨리면, 그 일 때문에 저에게 곧바로 나쁜 일이 일어나게 됩니다.

그래서 저는 '하루라도 일찍 사회인이 되어서 이득을 보았다.'라고 생각해 왔습니다.

나의 진동수를 떨어뜨리는 '사고방식'을 가지면 안 됩니다.

보통 영어 성적이 나쁘면 '영어를 못해서'라고 생각하게 되지요.

하지만 저는 '영어 따위는 필요 없다'는 사실을 이미 '간파'했답니다.

그것만으로도 진동수가 확연히 달라지지요.

'못한다'고 생각하는지 '필요 없다'고 생각하는지에 따라 결과가 확연히 달라집니다. 이렇게 진동수를 올리세요. 그것이 바로 '진정한' 성공 요령이니까요.

당신은 좋은 사람인데 '성공은 했지만 싫은 사람'이 되면 안 되잖아요? 반대로 '모두의 사랑을 받는, 성공한 인물'이 되는 편이 낫겠지요?.

그 비결은 진동수를 올려서 '멋진 나 자신'이 되는 것입니다. 멋진 사람이 되는 거예요. 멋진 사람에게는 가치가 있습니다. 가치 있는 사람이 되면 모든 일이 다 잘 풀립니다.

샐러리맨은 시간을 이용해서 자신을 팝니다.

일해서 월급을 받으니까 1시간에 얼마를 받는지 시급으로 계산할 수 있지요? 즉 샐러리맨은 하루에 얼마, 한 달에 얼마 정도로 회사에 자기 능력을 파는 거예요.

그렇다면 회사에 내가 가지고 있는 월급 이상의 가치를 제공한다면 '가치 있는 사람'이 되겠지요?

라멘 가게의 경우, '가치 있는 라멘 가게'가 되면 동네뿐만이 아니라 전철을 타고라도 멀리에서까지 손님이 오겠지요.

나 자신의 가치를 높이지도 않고 비싸게 팔자는 생각은 사기에 가깝습니다.

차를 운전할 때 교차로에서 나도 멈추고, 상대방도 멈췄다고 가정해 봅시다.

친절한 사람이라면 먼저 가라고 손을 흔들며 신호를 줄 수도 있는데, 그럴 때에는 손바닥을 위로 향하게 해서 '먼저 가세요.'라는 의미를 전달하는 것이 좋습니다.

개를 쫓는 게 아니니까 그저 손을 휙휙 흔드는 것보다 '먼저 가세요.'라고 공손하게 표현하는 손짓이 내 기분도 좋고, 상대방도 기쁠 거예요. 바로 그런 게 멋진 행동입니다.

타인의 사랑을 받는, 성공한 사람의 몸짓

"빨리 가세요"(이렇게 하면 마치 개를 쫓는 느낌)

"먼저 가세요"(친절한 사람은 보기에도 좋음)

평소 같으면 회사에서 오후 5시까지 해야 하는 업무를 5시 10분 전에 끝내기 위해 아침부터 속도를 내서 일하면 진동수가 올라갑니다.

그렇게 10분 일찍 끝낸 뒤 상사에게 "다른 업무는 없습니까?"라고 묻는 겁니다.

아니면 주변 동료들에게 "내가 뭐 도와줄 거 없어?"라고 물어 보세요. 그러면 진동수가 올라가는 동시에 멋진 사람이 될 수 있답니다.

칭찬하는 사람은
희소가치가 높다

멋진 사람은 굉장한 가치가 있습니다.

저의 제자이신 밋짱 선생님(본명, 쿠로스 미치요)도 예전에 자신감이 없었을 때는 다른 사람들이 다 대단해 보였다고 합니다.

그래서 저에게 항상 "저 사람이 얼마나 대단한지 몰라요."라고 하셨는데, 그럴 때면 저는 "선생님, 저에게 그런 말씀 하지 마시고 그 사람에게 직접 하세요."라고 충고합니다.

저에게 말해 봤자 그저 부러워하는 것처럼 보일 수 있지만, 당사자에게 직접 말해 주면 그 사람이 얼마나 기뻐하겠어요? 그렇게 하면 멋진 인생이 시작됩니다.

밋짱 선생님은 지금 '칭찬의 길 모임'의 주최자가 되어 책을 여러 권 쓰셨습니다.

이 나라에는 칭찬하는 사람이 많지 않습니다. 칭찬받고 싶어 하는 사람이 더 많은 나라지요.

그래서 희소가치가 높은 사람은 칭찬을 받는 사람이 아니라 칭찬을 하는 사람입니다.

가끔 드라이브를 나갔을 때, 고속도로 휴게소에 들러서 화장실에서 청소하는 사람을 보면 밋짱 선생님은 "항상 청소해 주셔서 감사합니다. 덕분에 좋은 여행을 하고 갑니다."라고 인사를 합니다.

그러면 그 사람이 굉장히 기뻐합니다. 그래서 지바 현 휴게소에서는 화장실 청소 일을 하시는 분들 사이에서 밋짱 선생님을 모르는 사람이 없을 정도입니다. 밋짱 선생님이 거기 있기만 해도 다들 거기로 몰려가니까요. 그 정도로 모두가 기뻐합니다.

생각만 하지 말고
입 밖으로 표현해 본다

남을 칭찬하는 것은 대단한 일입니다.

하지만 이 이야기를 들어도 자신의 생각을 차마 말로 표현하지 못하는 사람이 있을 거예요.

물론 마음은 '이렇게 화장실 청소까지 해 주셔서 참 감사하다'고 생각하고 있을 겁니다. 하지만 감사하다고 직접 소리 내어 인사하지 못하는 건 다른 사람들이 그렇게 안 하기 때문이지요.

성공한 사람은 항상 소수에 불과합니다.

다른 사람들과 똑같이 해서는 성공할 수 없습니다. 무언가 '차이'가 있지 않으면 안 되지요.

'부장님, 항상 저를 가르쳐 주셔서 감사합니다.'

이런 생각을 하고 있으면서도 말은 안 합니다.

그렇게 말하지 못하는 이유는 다른 사람들이 안 하기 때문이지요.

또 그런 말을 안 하는 건 말하고 싶지 않아서입니다.

왜냐하면 '아부하고 싶지 않아서' 등 온갖 이유가 많이 있어서예요.

하지만 저는 그런 사람에게 동료를 칭찬하라고 조언하고 싶습니다. 아랫사람을 칭찬해도 좋습니다.

윗사람만 칭찬을 하니까 매력이 없는 겁니다.

멋진 사람이 되는 일에는
돈이 들지 않는다

매력 있고 멋진 사람이 되는 일은 어렵지 않습니다.

아무런 이해관계가 없는데도 남을 칭찬하다니, 이 얼마나 멋진 일입니까?

이렇게 멋진 사람이 되는 데에는 돈이 한 푼도 들지 않습니다.

진동수를 올리는 것도 돈 한 푼 들지 않지요.

그래서 성공이라고 하면 흔히 모험, 당첨이나 꽝, 도박 같은 걸 생각할 수 있지만 성공은 그런 게 아닙니다.

나 자신이 멋지게 변하는 데는 돈이 들지 않습니다.

음식점이라면 지금보다 더 멋진 사장이 되면 손님들이 저절로 찾아오겠지요.

만약 배우 배용준 씨가 닭 꼬치구이를 구워 주는 가게라면 다들 몰려가겠지요? 한 개에 200만 원이라고 해도 사러 올 겁니다. 틀림없어요. 사람은 매력 있는 곳에 몰리게 되어 있으니까요.

우리는 매력이라는 도구를 가지고 이 세상에 왔습니다.

사람은 매력적으로 살기 위해 이 세상에 태어났습니다. 멋지게 성장하기 위해 이 세상에 온 것이지요. 그러니까 멋진 사람이 되려고 하는 이에게는 항상 신이 그 뒤를 돌봐 준답니다.

인간은
'창조'할 수 있는
생명체이다

우리는 '창조'할 수 있는 생명체입니다.

인간의 이런 특징을 살리면 성공할 수 있습니다.

인간과 원숭이의 차이점을 꼽자면, 원숭이는 새를 봐도 그저 '새구나.'하는 생각밖에 없습니다. 새처럼 하늘을 날고 싶다는 마음은 갖지 않아요.

하지만 사람은 하늘을 날고 싶다는 욕망으로 비행기나 제트기를 만들 수 있지요.

하늘을 나는 새도 달까지는 갈 수 없는데, 인간은 달까지 도달할 수 있습니다.

세상에서 가장 하늘을 잘 나는 동물이 바로 사람입니다. 태평양을 횡단할 정도니까요.

사람은 많은 것을 창조할 수 있습니다. 그러니까 지금보다 조금 더 멋진 나 자신을 상상해 보세요.

저는 인터넷 사용법도 서툴고 여전히 잘 쓰지 못합니다. 그래서 검색창을 여는 방법도 잘 모르지요.

그렇지만 제가 만약 인터넷 쓰는 법을 배우러 가서 검색창을 여는 방법이라도 제대로 배운다면, 오늘의 나는 어제보다 더 매력적인 사람이 될 것입니다.

자신을
칭찬할 수 없는 사람은
남도 칭찬하지 못한다

저는 저 자신을 칭찬해 줍니다.

"히토리, 넌 정말 대단하구나! 원래 이 나이가 되면 공부하러 가지 않는데, 군이 찾아가서 공부까지 하다니."라고 말이지요.

하지만 뭘 해도 안 되는 사람은 대단한 사람과 자꾸만 비교하려 듭니다.

그리고 자신은 여전히 부족한 게 많다는 말을 하지요.

그런 건 멋지지 않잖아요?

그렇게 행동할 수밖에 없는 이유는 자신을 대단한 인물과 비교하기 때문에 칭찬할 수 없는 것입니다.

자기 자신을 칭찬할 수 없는 사람은 남도 칭찬할 수 없습니다. 그러니까 우선 작은 것이라도 좋으니 나를 조금씩 칭찬해 보세요.

예를 들어 "나도 참 많이 성장했구나. 차로 길을 양보할 때도 지금까지는 그냥 가라는 식으로 휙휙 손만 내저었는데, 이제는 먼저 가시라고 권할 줄도 알고 말이야. 게다가 화장실 청소하시는 분께 감사하다고 직접 인사는 못하지만 웃는 얼굴로 고개를 숙일 줄도 알게 됐잖아."라고 말이지요.

나 자신의 작은 일이라도 칭찬할 줄 알게 되면 남들까지 칭찬할 수 있게 된답니다.

'인성의 시대'가
도래한다

인류는 강자가 이기는 시대를 살았습니다. 뭐든 좋으니 강하면 다 된다는 시대가 있었지요.

그다음에는 집안을 따지는 시대가 왔습니다. 전쟁이 끝나고 평화로워지니까 이제 힘만 센 사람의 가치가 떨어지게 되었거든요.

그래서 전쟁 후에는 출신 성분에 따라 가치를 따지는 시대가 찾아왔습니다.

이후 학력의 시대가 도래했습니다.

그렇다고 '이제 곧 학력의 시대도 끝난다'고 말하려는 게 아닙니다. 아마 여러 형태로 변화하겠지요.

그럴 수밖에 없는 것이, 지금은 인터넷으로 조금만 조사해도 도쿄대학교 입학시험 문제까지 알 수 있는 시대잖아요? 그렇다면 인터넷을 가지고 있기만 해도 도쿄대학교에 들어갈 수준의 사람만큼 일을 잘할 수 있다는 뜻이지요.

도쿄대학교에 가지 말라는 뜻이 아닙니다. 그것도 참 멋진 일이지요. 저도 웬만해서는 가는 게 좋다고 생각합니다.

다만 조만간 학력 위주의 시대에서 학력 외에 다양한 가치를 지향하는 시대가 됩니다. 인성의 시대가 도래하는 것이지요.

'이런 사람 밑에서 일하고 싶다.' '이 사람에게서 물건을 사고 싶다.' '이 사람을 위해서라면 힘을 낼 수 있을 것 같다.' 등의 인성이 중요해지는 시대가 올 것입니다.

그 시대가 됐을 때 당신은 충분히 멋진 사람일 수 있을까요?

올바른 말을 하는 건
재판관의 일이다

예를 들어서 한 가지 이야기를 해 보겠습니다.

우리 회사 '마루칸'의 파티 비디오를 본 한 여자가 "나도 사장님들처럼 멋지게 드레스를 입고 파티에 참석하고 싶어요."라고 말한다고 합시다. 그리고 그 사람이 멋진 드레스를 입고 파티에 참석하기 위해 딱히 아무 일도 하지 않는다고 가정해 봅시다.

그러면 당신은 마음속으로 '그럼 일해서 사서 입지 그래?' 하는 생각을 하겠지요?

그건 올바른 말입니다. 하지만 그런 올바른 말보다 "그래요, 당신이 그런 드레스를 입으면 더욱 멋지겠지요." "갑자기 저런 사장님들처럼 멋진 드레스를 입지 않아도 돼요. 요즘은 인터넷에서 비슷한 것도 얼마든지 구할 수 있으니까 그런 옷을 입어도 예쁠 것 같은데요?"라고 말하는 편이 더 낫겠지요?

제가 하고 싶은 말이 이겁니다. 아마도 그 사람은 일부터 하라는 소리를 주변에서 많이 들었을 겁니다.

부모님과 형제에게도 그런 말을 들었을 거예요. 자신도 그걸 잘 알지만 일할 수 없는 어떤 두려움 같은 것이 있는 거겠지요.

그 사람이 이제야 자기 마음에 불을 지피는 꿈을 이야기하는데, 그걸 양동이에 물을 가득 담아서 끼얹어 버리면 무슨 재미가 있겠습니까?

올바른 말을 하는 건 재판관의 일입니다.

등장할 때 "와아!" 하고 환성이 튀어나올 정도로 인기가 있는 재판관이 있습니까? 그런 사람은 본 적도 없지요?

우리에게는 지금까지 누군가의 고민을 들었을 때 자신도 그렇게 똑바로 살지 못하면서 남에게는 자꾸 옳고 그름으로 잣대를 들이대려는 버릇이 있지요.

그건 세상이 올바른 말을 하지 못할 때 필요한 겁니다.

하지만 지금은 모두 정답을 알고 있잖아요? 당사자까지 알고 있어요. 다만 그렇게 하지 못하는 이유가 있는 거랍니다.

남에게
두려움을 심어 주는 건 죄다

진동수를 자주 떨어뜨리는 사람은 원래 '그런 성격'이 아닙니다.

단지 부모로부터 그렇게 배웠기 때문이에요. 그의 부모 역시 두려움을 심어 주는 것을 사랑이라고 착각한 것이지요.

어딘가에서 여성이 범죄의 표적이 되고 있다고 가정해 봅시다.

그러면 부모는 "너도 조심해."라고 하면서, 딸이 미니스커트를 입은 것을 보고 "그렇게 다리를 훤히 드러내고 다니면 큰일 나."라고 말할지 모릅니다. 성범죄를 당한다면 큰일이지요.

그런 사건은 좀처럼 일어나지 않습니다.

예수 그리스도가 하루에 10명씩 악수를 한다고 해도 1억 3,000만 명과 다 악수를 하려면 3만 년 이상이 걸립니다. 다시 말해 일본 인구 전체와 악수를 하려면 3만 년이나 걸리지요.

3만 년 동안 인간은 몇 번이고 죽었다가 다시 태어납니다.

제가 하고 싶은 말은 당신의 딸이 범죄에 휘말리게 될 확률은 0.0000000…… 정도의 확률이라는 뜻입니다.

그런데도 그런 일이 당장 눈앞에서 일어날 것처럼, 내일이라도 당장 발생할 것처럼 말해서 두려움을 조장하며 자녀를 키우면 안 됩니다.

제 제자 중 한 명인 시바무라 에미코 씨는 운동을 굉장히 잘해서 고등학교도 농구 장학생으로 입학했다고 합니다.

그런데 에미코 씨가 자동차 면허증을 땄을 때 오빠가 "너는 덜렁거리니까 사고를 일으키기 쉬워."라고 계속 주의를 주었다고 합니다. 하지만 그런 식으로 자꾸 겁을 주면 에미코 씨는 운전이 무서워서 자동차 운전을 자신 있게 하지 못할 겁니다. 세상에는 에미코 씨보다 운동 신경이 훨씬 둔한 사람도 운전을 잘하고 다니는데 말이에요.

남에게 두려움을 심어 주는 건 죄악입니다.

진동수가 높은 사람에게는 나쁜 일이 일어나지 않습니다. 뭔가 일어나더라도 나쁜 일 가운데 '좋은 일'이 일어납니다.

세상에는 사랑이라고 말하면서 남의 진동수를 떨어뜨리는 사람이 있어요.

그런 사람은 그러한 부모의 손에서 자랐을 것이고, 그 부모도 그런 부모 밑에서 컸을 것입니다. 대대로 이어지는 겁니다.

그러니까 부모가 그런 것과는 아무 상관이 없습니다.

부모님은 그런 말씀을 하시게 두세요. 거기에 이끌려서 나까지 진동수를 떨어뜨리면 나쁜 일은 부모님이 아니라 나한테 일어나고 맙니다.

기대감으로
가슴이 뛸 때는
모든 일이 잘 풀린다

일이 잘 안 풀릴 때에 비해서, 어쩐지 무슨 일이든 잘 풀리는 것 같은 순간이 있다면 그건 당신의 가슴이 기대감으로 뛸 때입니다.

억지로 일하는 사람은 퇴근 시간인 저녁 5시까지가 너무나 길게 느껴집니다. 그런데 혼다 자동차를 설립한 혼다 소이치로 씨 같은 분은 새벽 3시가 되도록 시간이 가는 줄도 모르고 일했다고 합니다.

업무로 고생을 많이 했다는 뜻이 아닙니다. 정신을 차리고 보니 이미 새벽 3시더라는 겁니다.

그는 밥도 먹지 않고 일했습니다. 밥이 없는 게 아니었습니다. 밥 먹는 걸 잊을 정도로 최선을 다해 일을 즐겼다는 것이지요. 기대감 으로 가슴이 뛰는 겁니다. 진동수가 높았던 거지요.

싫은 일을 억지로 하면 절대로 일이 잘 굴러갈 리가 없습니다.

야구 같은 것도 싫은데 억지로 고생해서 고교 야구부에 들어가는 선수는 단 한 명도 없습니다. 다들 야구를 진심으로 좋아하지요.

그런 걸 보고 "저런 사람을 고용해서 일을 시키면 일당백일 텐데."라고 말하지만, 그를 고용해도 절대로 그렇게 열심히 일하지 않습니다.

그런 사람은 열심히 하는 것이 좋은 게 아니라, 그저 야구를 좋아하는 것뿐이니까요.

하지만 일도 게임처럼 즐겁다면 다들 열심히 하겠지요.

예전에 기합에 관한 이야기를 한 적이 있습니다. "얍! 얍!" 하고 크게 외치면 진동수가 올라가서 성공 확률도 함께 높아진다고 합니다.

우리는 앞으로 무슨 일이 생겼을 때 자신의 진동수를 올리려고 노력해야 합니다.

일이 잘 풀리다가 갑자기 안 되는 건 도중에 너무 진지하게 접근하기 때문입니다. 그렇게 옳고 그름과 진지함만 따지면 진동수가 정말로 떨어지고 맙니다.

사이토 히토리식
질병 치유법

이쯤에서 병을 낫게 하는 방법도 알려 드리겠습니다.

이 이야기는 굳이 믿지 않아도 돼요. 알겠지요?

동전에는 앞과 뒤가 있습니다. 그렇게 모든 것에는 앞과 뒤가 있어요.

그와 마찬가지로 질병과 건강도 앞뒤 세트 같은 존재입니다.

참고로 이 이야기는 병원에 가지 말라는 뜻이 아닙니다. 약을 먹어도 되고, 굳이 생활을 바꿀 필요도 없습니다.

단지 저는 마음에 관한 이야기를 하고 싶을 뿐이에요. 마음만 두고 이야기하는 겁니다.

병에 걸린 사람은 '질병이라는 뒷면'만 봅니다. 그리고 "나는 아프다"는 말을 질릴 정도로 많이 하지요.

건강해지고 싶다면 이것을 확 뒤집어서 "나는 건강합니다."라는 말을 하루에 열 번 정도 하면 됩니다.

기운을 차리고 싶다면 "나는 기운이 넘칩니다."라고 말하면 되지요.

누군가를 만나면 "저는 기운이 넘쳐요. 건강합니다."라고 말해 보세요.

다만 의사에게 가서까지 그런 말을 하면 안 됩니다. "저는 건강해요."라고 하면 의사가 "그럼 여기는 왜 오셨나요?"라고 물을 테니까요.

의사에게 갔을 때는 자세한 사정을 털어놓아도 되지만 부모나 형제, 회사 사람들에게 그런 말을 하면 걱정만 시킬 뿐 병을 낫게 할 수 없습니다. 그래서 병이 낫게 하고 싶은 사람은 "난 아파요."라고 말해 봤자 상대방에게 걱정만 끼치게 된답니다.

그렇게 말하는 대신 "저는 건강해요." "컨디션이 최고예요."라고 말하면 마음 자체가 달라집니다.

마음이 바뀌면 몸은 알아서 따라옵니다. 이것이 바로 '마음부터 치유한다'는 치유법입니다.

아픈 사람은 생각까지도 병들어 있습니다. 그래서 병에 관한 생각만 하고, 병 이야기만 합니다. 그래서 대체 어떻게 건강해지겠다는 건가요?

확 뒤집어서 말하면 됩니다. 건강해지고 나서 말하겠다고 생각하지 마세요.

　"나는 건강합니다."라고 하루에 열 번 정도 말해 보세요. 그러면 '난 건강한 사람이구나.' 하는 생각이 들 겁니다. 거짓말 같지만 정말이에요.

　한마디로 질병이든 기운이든 '기'(氣)가 문제인 거예요.

병이 낫도록
노력하지 않는 건
사실 병을 좋아하는 것이다

'병은 유전'이라고들 합니다.

하지만 같은 형제라도 아프지 않은 사람이 있지요? 환경이 같아도 형제 중에는 아픈 사람과 아프지 않은 사람이 있습니다.

흔히 음식 때문이라고 하지만, 같은 음식을 먹어도 괜찮은 사람과 그렇지 않은 사람이 있지요. 그럼 대체 무슨 차이 때문에 그런 걸까요? 그건 바로 '생각'과 '사고방식'의 차이 때문입니다.

건강한 사람은 "나는 기운이 넘칩니다." "나는 건강합니다." 같은 말로 바꿀 줄 아는 사람입니다. 그렇게 파동을 바꾸면 병에 걸리지 않게 됩니다. 걸리더라도 빨리 낫습니다.

그러니까 꼭 한번 시험해 보세요.

이렇게 돈 한 푼 안 드는 비법을 가르쳐 주어도 절대로 따라 하지 않는 사람이 있지요. 그건 병을 좋아하는 사람입니다. 왜냐하면 한 편으로는 병이라는 게 참 편리한 존재거든요.

어떤 상황이 안 좋아질 때에는 몸이 아프다는 말 한마디만 하면 되니까요.

그러다가 자기가 하고 싶은 일이 생길 때만 "오늘은 컨디션이 좋아요."라고 말하며 나섭니다.

이것이 습관이 되면 그만두기 어렵습니다.

물론 이것 역시 잘못됐다는 것이 아닙니다. 그런 사람은 그저 '병을 좋아하는' 것뿐이에요.

다시 말하지만 정말로 병을 빨리 낫게 하고 싶다면 "나는 건강합니다."라고 말하면 됩니다. 아주 간단할 뿐만 아니라 돈도 들지 않아요. 아무 손해도 볼 게 없어요.

사람을 바꾸려고 하면
힘들어진다

다음으로는 새우등을 똑바로 펴는 이야기를 하려고 합니다.

새우처럼 등이 굽은 사람은 대체로 생각이 무거워요. 마음이 무거우니 등이 굽을 수밖에요.

그런 사람은 조금 더 '마음 편하게' 살면 됩니다. 생각이나 사고방식 하나하나를 전부 가볍게 만드는 거예요.

사람에게는 평온한 기분이 가장 좋습니다. 가볍고 홀가분하게 말이에요.

속 편하게 살아도 좋습니다. 그러니까 조금 더 마음의 긴장을 푸세요.

생각 하나하나가 무거우면 점점 살기 힘들어집니다. 그것이 바로 신이 '당장 그만하라'는 뜻으로 보내는 신호지요.

얼마 전에 '히토리 씨의 팬들이 모이는 가게'에 온 사람의 이야기입니다.

그분의 남편은 항상 강압적이고 부정적인 말만 한다고 합니다. 할아버지도 그렇다고 합니다. 그런 사람이 둘이나 곁에 있으니 보통 힘든 게 아니었습니다. 그렇게 몇 십 년이나 이어지니 이 상황을 대체 어쩌면 좋으냐고 상담하셨습니다.

그분께 저는 다음과 같이 답했습니다.

"우선 상대방을 바꾸려고 하면 안 됩니다. 마음 편히 다 들어 주세요. 몇 십 년이나 그런 말을 들어도 괜찮았으니까 앞으로도 괜찮을 거예요. 그러니까 조금 더 마음을 편히 가지세요. 내일부터는 할아버지의 말도 조금 더 느긋하게 들어 주시면 됩니다."

그랬더니 그분이 "아아!" 하고 눈물을 왈칵 쏟으시면서 "이런 해결법이 있었군요!"라고 감탄하셨지요.

당연합니다. 할아버지와 남편을 어떻게든 바꿔 보겠다는 생각을 하니까 힘들어지는 겁니다.

사람은 좀처럼 바뀌지 않습니다. 그러니까 남을 바꾸는 것이 아니라 내가 좀 더 너그럽고 편하게 받아들이면 됩니다.

할아버지가 뭐라고 하든, 남편이 무슨 말을 하든 문제는 그 일로 인해 진동수를 떨어뜨린 당신이 힘들어진다는 점입니다. 그러니까 우리는 어떤 사람을 만나더라도 진동수를 떨어뜨리면 안 됩니다.

함께하는 사람의
진동수를 올리는
사람이 되자

각자 자신의 진동수를 올리는 방법이 있을 겁니다.

물건을 사면 진동수가 올라간다거나, 가지고 싶은 것을 상상하면 진동수가 상승한다거나, 낚시를 좋아한다거나….

당신은 어떤 방법을 가지고 있나요?

저라면 야한 책을 사러 가는 방법도 그중 하나일 것 같습니다(하하).

전부 개인의 자유랍니다. 저는 저만의 진동수를 올리는 것을 생각합니다. 당신은 당신대로 좋아하는 일을 생각해 보세요. 모두 나름의 진동수를 올리는 방법이 있을 테니까요.

가요를 부르거나 클래식을 들으면 진동수가 올라가는 사람도 있을 거예요. 그리고 그런 사람을 봤을 때 '아아, 이 사람은 진동수를 높이고 있구나.'라고 생각해 보는 겁니다.

우리는 자신의 진동수를 높여야 됩니다. 그러면 훨씬 매력적으로 변할 수 있어요.

그리고 더욱 매력적인 사람이 되는 방법, 내일부터 극적으로 변신하는 방법에 대해 알려 드리겠습니다.

누군가를 만나면 그 사람의 진동수를 '올려 주자'는 마음으로 노력하며 대해 보세요. 매력이 없는 사람은 남의 '결점'만 찾아내고 진동수를 떨어뜨리는 행동만 하지만, 그러지 말고 상대방의 진동수를 올려 주는 행동을 하는 겁니다.

'히토리 씨의 팬들이 모이는 가게'에도 마음 편하게 발을 들이는 사람이 있는가 하면, 가게 안으로 들어올 용기가 없어서 그냥 돌아가는 사람이 있어요.

만일 도저히 못 들어가겠다고 말하는 사람이 있으면, "그래도 집에서 여기까지 왔으니 대단하다."라고 칭찬해 주세요.

들어온 사람에게는 "이렇게 들어온 것만 해도 대단하다." "생각을 실천으로 옮기다니 놀랍다."라고 말해 주세요.

사람은 누군가를 만나면서 '그의 진동수를 올리겠다'는 마음을 가지면 굉장히 큰 호감을 사게 됩니다.

저는 당신을 만나서 진동수가 올라갔습니다.

당신도 저를 만나서 진동수가 올라갔다면 좋은 일이에요.

중요한 건 이 진동수를 떨어뜨리지 않는 것입니다.

진동수가 떨어져서 나쁜 일이 생기는 건 나 자신이에요.

　그러니까 앞으로는 이것을 떨어뜨리지 않도록 노력합시다.

　그리고 모두 서로의 진동수를 올려 주세요. 만났을 때는 서로 칭찬도 해 주고요.

　모두가 다른 사람의 진동수를 올려 주는 사람이 됩시다. 떨어뜨리는 사람이 되지 맙시다.

　멋진 사람이란 진동수가 올라가는 사람이 진짜 멋진 사람입니다.

　서로 진동수를 올려 줄 수 있는 사람이 되는 것, 그것이 최고입니다.